百年征程波澜壮阔 百年初心历久弥新

大国小康

中国共产党人的追求

范晓伟◎编著

人民东方出版传媒

东方出版社

图书在版编目（CIP）数据

大国小康：中国共产党人的追求 / 范晓伟编著. —北京：
东方出版社，2021.8
ISBN 978-7-5207-2259-9

Ⅰ.①大… Ⅱ.①范… Ⅲ.①小康建设—中国 Ⅳ.①F124.7

中国版本图书馆 CIP 数据核字（2021）第 122995 号

大国小康——中国共产党人的追求

（DAGUO XIAOKANG——ZHONGGUO GONGCHANDANGREN DE ZHUIQIU）

编　　著：范晓伟
责任编辑：张洪雪
出　　版：东方出版社
发　　行：人民东方出版传媒有限公司
地　　址：北京市西城区北三环中路 6 号
邮　　编：100120
印　　刷：三河市众誉天成印务有限公司
版　　次：2021 年 8 月第 1 版
印　　次：2021 年 8 月北京第 1 次印刷
开　　本：710 毫米×1000 毫米　1/16
印　　张：14
字　　数：157 千字
书　　号：ISBN 978-7-5207-2259-9
定　　价：58.00 元
发行电话：(010)85924663　85924644　85924641

前　言

在庆祝中国共产党成立 100 周年大会上，习近平总书记代表党和人民庄严宣告："经过全党全国各族人民持续奋斗，我们实现了第一个百年奋斗目标，在中华大地上全面建成了小康社会，历史性地解决了绝对贫困问题，正在意气风发向着全面建成社会主义现代化强国的第二个百年奋斗目标迈进。"这一庄严宣告，让中华儿女振奋不已，也让世界的目光再次聚焦中国——中华民族孜孜以求的千年梦想，终于得以实现；中国共产党人坚持不懈的伟大追求，终于结出硕果！

全面建成小康社会，意味着历史性地解决了困扰中华民族几千年的绝对贫困问题，中国人民书写了人类发展史上的伟大传奇。站在新时代的新方位上，全面追忆中华民族为实现小康梦想而孜孜以求的艰辛历史，全面回顾党团结和带领人民为全面建成小康社会而奋斗的辉煌历程，乘势而上开启全面建设社会主义现代化国家新征程，无疑具有重大历史和现实意义。

小康社会是长远目标与阶段性任务、继承与发展、过程与结果的辩证统一。20 世纪 80 年代，邓小平同志设计了我国现代化进程"三步走"战略蓝图，到 20 世纪末实现了总体小康。党的十五大提出了建党一百年和新中国成立一百年的奋斗目标，对小康社会作了新的展望。党的十六大明确提出到 2020 年全面建设小康社会的目标和要求,在 20 世纪末基本实现小康的基础上,对更加全面、更高水平的小康社会作出了新的描绘和完善。党的十七大延续十六大主题,根据发展的新形势,取得的新成就,对全面建设小康社会目标作了进一步调整。

党的十八大继往开来,在十六大、十七大全面建设小康社会阶段性目标超预期的新形势下,顺应人民期盼,准确判断趋势,更加清晰、更高要求地提出了到 2020 年全面建成小康社会的目标,既令人鼓舞,又切合实际。党的十九大以后,我们认真贯彻习近平新时代中国特色社会主义思想,在以习近平同志为核心的党中央坚强领导下,努力克服新型冠状病毒肺炎疫情、国际贸易保护主义抬头等不利影响,统筹经济社会发展,坚决打赢脱贫攻坚战,全面建成小康社会目标如期实现。

我们用几十年时间,走完了发达国家几百年走过的工业化历程。在中国人民手中,不可能成为可能。我们为创造了人间奇迹的中国人民感到无比骄傲,我们对团结和带领中国人民全面建成小康社会的中国共产党无比崇敬。

当今世界正经历百年未有之大变局,我国正处于实现中华民族伟大复兴的关键时期。在我国全面建成小康社会、实现第一个百年奋斗目标之后,乘势而上开启全面建设社会主义现代化国家新征程、向第二个百年奋斗目标进军之时,我们必须深入了解中国共产党领导人民全面建成小康社会的光辉历史,深入总结经验,以更好地应对变局、启迪未来。

本书力图在事实、逻辑基础上表现这一宏大历史场景,在古今对比视野下，对建设小康社会作出剖析，对中国共产党的初心和使命作出诠释，对中国特色社会主义制度的显著优势作出解读。通过本书的梳理，我们不难发现，党领导人民全面建成小康社会具有跨越历史的多维深远内涵，对开启全面建设社会主义现代化国家新征程具有重要启示，应该深入加以把握。

这是一个千帆竞发、百舸争流的时代。全面建成小康社会之后的我们，决不能有半点骄傲自满、故步自封，也决不能有丝毫犹豫不决、徘徊彷徨。我们要在习近平新时代中国特色社会主义思想的指引下，勇敢面对百年未有之大变局，不忘初心、牢记使命，锐意进取，埋头苦干，为开启全面建设社会主义现代化国家新征程、实现中华民族伟大复兴的中国梦、实现人民对美好生活的向往继续奋斗！

目 录
Contents

— 1 —

第三章

大潮流:弄潮东风吹来的澎湃

(1981—2002 年)

第四章

大机遇:把握新世纪新阶段重要战略机遇期

(2002—2012 年)

第五章

大视野:收获季启迪新征程
(2012—2021 年)

第一章

大梦想：追忆三千年的企盼与悸动

中华民族有五千多年的文明历史，创造了灿烂的中华文明，为人类作出了卓越贡献，成为世界上伟大的民族。同时，中华民族也是历经磨难、不屈不挠的伟大民族，中国人民是勤劳勇敢、自强不息的伟大人民。

这样一个伟大的民族，在漫长的历史长河中，为追求自己和全人类的美好生活而不懈奋斗。大道之行，天下为公。小康，是中国人美好生活梦想的起步阶段。

历史车轮滚滚向前，时代潮流浩浩荡荡。任何一个真实的文明人，都会自觉不自觉地在心理上过着多种年龄相重叠的生活——其中包括远久以来的集体文明潜意识。可以说，没有这种重叠，生命就会失去厚度，很容易风干和脆折。

小康，正是今天中华儿女梦圆全面建成小康社会的民族文明潜意识。

这个民族潜意识在历史的时光隧道中不时回响。这回响里，浸透着我们这个古老民族几千年的企盼，也毫不保留地展现着它周期性的幻灭和悸动。可以说，因为社会发展阶段和阶级局限性，小康并没有在古代中国真正实现过。

一切历史都是当代史。今天，感悟这几千年的企盼与悸动，发现其内在机理，对于我们在全面建成小康社会的基础上开启新征程具有重要参考意义。

一、"小康""大同""理想国"

小康社会是中国古代思想家描绘的诱人的社会理想，也表现了普通百姓对宽裕、殷实的理想生活的追求。"小康"的提法最早见于儒家经典《大雅·民劳》。

纵观人类历史，普通民众对于美好生活的追求几乎是一种天性，而在东西方的政治学、经济学和哲学史中，"小康""大同""理想国"等概念也不时出现，厘清这些概念之间的关系，对于我们全面理解"小康"的内涵，无疑具有重要的作用。

何谓"小康"

三千年前的一天，古老的东方土地上，一群穿着破烂、目光疲惫又透着希望微光的奴隶们，向着远处山川放歌，吟唱着自己的期盼。

不远处，手持木铎的采诗官记录下了他们的歌声——

民亦劳止，汔可小康。

惠此中国，以绥四方。

无纵诡随，以谨无良。

式遏寇虐，憯不畏明。

柔远能迩，以定我王。[①]

…………

---

① 这段诗的意思是，人民实在太劳苦，但求可以稍安康。爱护京城老百姓，安抚诸侯定四方。诡诈欺骗莫纵任，谨防小人行不良。掠夺暴行应制止，不怕坏人手段强。远近人民都爱护，安我国家保我王。

这首诗歌，就是后来《诗经》中的《大雅·民劳》。这首诗第一次提出了"小康"的概念。

《大雅·民劳》全诗五章，每章十句，是一首具有古风意味的文学作品，是《诗经·大雅·生民之什》的一篇。

要想准确理解《大雅·民劳》的内涵，就不能不了解其创作的历史背景。

这是一首西周贵族召穆公劝告周厉王要安民防奸的诗。

周厉王（？—前828年），姬姓，名胡，西周第十位君主。

召穆公即召伯虎，姬姓，召氏，名虎，谥穆，又称召穆公。

其时，周厉王昏庸无道，信用奸佞，横征暴敛，违背周人共同享有山林川泽以利民生的典章制度，以国家名义垄断山林川泽，不准国人①依山泽谋生，借以剥削人民。

所谓"民劳"，是召穆公感于其时平民百姓的极度困苦疲劳，劝告周厉王要体恤民力，改弦更张，进而提出应该让人民过上比较安定的小康生活的政治理想。

但周厉王并未听从他的建议，继而引发国人暴动。召穆公把太子靖藏匿在家，并以其子替死。

太子即位，为周宣王，召穆公与周定公共同执掌朝政，史称"周召共和"。

追求美好生活，永远是每一个人无法遏抑的天性追求。

---

① 国人，西周时期，把居住在都城之内的平民叫作"国人"，而居住在郊外的叫作"野人"。《周礼·地官·泉府》中记载："国人郊人从其有司。"贾公彦疏："国人者，谓住在国城之内，即六乡之民也。"

但作为奴隶主阶级的代表人物周厉王，宁可身死，也不愿意让国人过上"小康"生活。这是辛辣的讽刺，也是时代的必然——历史的巨轮永远不可能脱离其轨道而奔驰。剥削阶级永远也不会主动地将既得利益拱手让人。于是，小康这个看上去并不算奢侈的理想，就在中华民族的脑海里萦绕了数千年。

但无论如何，作为儒学史中的重要人物，召穆公提出的小康理想也就成了儒家重要的政治理想之一。

那么，究竟什么是儒家的小康理想呢？

对此，和《诗经》同为重要儒学经典的《礼记·礼运》做了如下阐发——

> 今大道既隐，天下为家。各亲其亲，各子其子，货力为己。大人世及①以为礼，城郭沟池以为固。礼义以为纪，以正君臣，以笃父子，以睦兄弟，以和夫妇，以设制度，以立田里，以贤勇知，以功为己。故谋用是作，而兵由此起。禹汤文武成王周公，由此其选也。此六君子者，未有不谨于礼者也。以著其义，以考其信，著有过，刑仁讲让，示民有常。如有不由此者，在执者去，众以为殃，是谓小康。

这里的"小康"生活，描绘的是在夏禹、商汤、周朝的文王、武王、成王、周公治理下出现的所谓盛世。

《礼记》又名《小戴礼记》，全书49篇，9万多字，内容繁多，成书于汉代，为西汉礼学家戴圣所编。主要阐述先秦的礼

---

① 世及，指贵族世袭。

制，体现了先秦儒家的哲学思想、教育思想、政治思想、美学思想，是研究先秦社会的重要资料，是儒家"三礼"① 之一、"五经"② 之一，"十三经"③ 之一。

《礼运》是《礼记》中的名篇。所谓"礼运"，即礼之运行流变。记载"五帝三王相变易及阴阳旋转之道"④，既讲到了大同小康乱世的演变，又描绘了从橧巢营窟⑤到宫室台榭生活方式的演变，对华夏礼学的源流及礼与社会的关系进行了较为系统的论述，是研究中国"小康思想"重要的儒家经典文献。

中国被誉为"礼仪之邦"，中华文明号称"礼乐文明"，中华礼文化源远流长。

"礼"是中国古代文明的标志，是中国人一切习俗行为的准则，为中国构建有序的社会作出了巨大贡献。古有祭祀祖先、神灵的祭礼，有行军、宴饮、丧事等礼仪，有君臣、父子、夫妻、朋友之间的礼节，象征着人与人之间、人与自然之间的和谐统一。礼是实现"治国平天下"的大经之法，是成就"道德仁义"的主要门径，是教育民众、端正风俗的内在动力。

将"小康"生活视为"礼制"的应有之义，也充分说明早期儒家即意识到"小康"生活不仅仅是物质的，同时也是精神的。

---

① "三礼"，一指祭祀天、地、宗庙之礼；二指《仪礼》《周礼》《礼记》三部儒家经典。"三礼"是古代中国礼乐文化的理论形态，是对礼法、礼义作的权威记载和解释，对历代礼制影响深远。

② "五经"指《诗》《书》《易》《礼》《春秋》。这五部书是我国保存至今的最古老的文献，也是我国古代儒家的主要经典。

③ "十三经"是南宋形成的十三部儒家经典，分别是《诗经》《尚书》《周礼》《仪礼》《礼记》《易经》《左传》《公羊传》《穀梁传》《论语》《尔雅》《孝经》《孟子》。

④ 郑玄《礼记注疏·礼运》说：《礼运》者，以其记五帝三王相变易及阴阳旋转之道。用今天的话说，即《礼运》是一本研究社会变化及个中规律的哲学书籍。

⑤ 橧巢，积聚柴薪造的巢形住处。营窟，上古时掘地或累土而成的住所，一说是相连的洞穴。《礼记·礼运》记载："昔者先王未有宫室，冬则居营窟，夏则居橧巢。"

这种比较完整的"小康"定义，也被后世文献所熟用——

《晋书·孙楚传》载："山陵既固，中夏小康。"唐白居易在其《老病相仍以诗自解》中写道："昨因风发甘长往，今遇阳和又小康。"北宋司马光主编的《资治通鉴·后唐明宗长兴四年》记："在位年谷屡丰，兵革罕用，校於五代，粗为小康。"南宋洪迈在其《夷坚甲志·五郎君》中谓刘庠"久困于穷，冀以小康"。清蒲松龄的《聊斋志异·丁前溪》中说安丘杨氏接受客所赠"布帛菽粟""由此小康，不屑旧业矣"。清吴敬梓《儒林外史》第十五回则说："先生得这'银母'，家道自此也可小康了。"即使到了近代，"小康"生活仍然被民众津津乐道。郁达夫在 1932 年发表的短篇小说《迟桂花》中即记述："家里虽称不得富有，可也是小康之家。"

··········

追根溯源，可见古代中国的所谓"小康"思想，是对建立在小农经济基础上的"家天下"实现礼治的诉求，而与人的物质生活真实水平并无直接关系，只是后人在语言的演化中逐渐赋"小康"以小有资产、足以自安的含义。

"小康""大同""理想国"

事实上，小康是儒家"大同"理想较为低级的一种社会形态。

我们今天常见的记载"大同"思想的经典文献①，同样是《礼

---

① 除《礼记·礼运》外，中国古籍有许多提及"大同"的其他经典，如《尚书·洪范》《周易·系辞传》《吕氏春秋》《庄子·在宥》《列子·黄帝》等。这些典籍所提到的"大同"，或指人与自然的相通，或指人与事的相合，和后世所言的儒家大同治世理念有一定差别。

记·礼运》。

《礼记·礼运》大同章①对"大同"社会作过如下描绘——

> 大道之行也，天下为公，选贤与能，讲信修睦，故人不独亲其亲，不独子其子，使老有所终，壮有所用，幼有所长，鳏寡孤独废疾者皆有所养；男有分，女有归，货恶其弃于地也不必藏于己，力恶其不出于身也不必为己，是故谋闭而不兴，盗窃乱贼而不作，故外户而不闭，是谓大同。

用今天的话说，意思就是：

在大道施行的时候，天下是人们所共有的，把有贤德、有才能的人选出来给大家办事，人人讲求诚信，崇尚和睦。因此人们不单奉养自己的父母，不单抚育自己的子女，要使老年人能终其天年，中年人能为社会效力，幼童能顺利地成长，使老而无妻的人、老而无夫的人、幼年丧父的孩子、老而无子的人、残疾人都能得到供养。男子要有职业，女子要及时婚配。人们憎恶财货被抛弃在地上的现象而要去收贮它，却不是为了独自享用；也憎恶那种在共同劳动中不肯尽力的行为，总要不为私利而劳动。这样一来，就不会有人搞阴谋，不会有人盗窃财物和兴兵作乱，家家户户都不用关大门了，这就叫做"大同"社会。

从这些记载可以看出，在上古儒家先贤的理想中，"大同"社会的基本特征即人与人之间没有差异，没有战争，大家友爱互助，家家安居乐业。后人将这种状态称为"世界大同"，具有此

---

① 《礼记·礼运》大同章，也称为"礼运大同篇"。

种社会状态的社会又称"大同世界"。到了近代，新儒家①又加入了全球范围内政治、经济、科技、文化融合等思想。

"大同"理想与"小康"理想有一定的差别。

最明显的，"小康"理想最初是儒家对"家天下"之礼治社会的诉求，是构建东方封建主义伦理化政治结构的初级阶段的努力，是"礼义以为纪""刑仁讲让，示民有常"；而"大同"理想，则是中国古代认为人类最终可达到的理想世界，是"大道之行也，天下为公"。

随着儒家思想的发展，及至君主专制制度行将崩溃，清末的康有为著《大同书》，对"大同"理想与"小康"理想又作了进一步的厘清。他将西方进化发展的历史观引进中国，以何休②"公羊三世说"为学理支点，利用其形式，提出"三世进化"的观点，认为人类社会沿三个阶段逐阶演进。据其阐述，第二阶"升平世"即"小康"，第三阶"太平世"则为"大同"。

康有为的"大同""小康"与《礼运》中的"大同""小康"概念有异。首先，传统"大同"观更多表现为道德文明层面上的社会理想，而康有为的"大同之世"是一个物质文明、精神文明都高度发达的理想的民主社会。其次，两者的时间指向相反：传统"大同"观指向过去，将远古时代理想化；康有为的"大同"观指向未来，是对人类社会未来的美好展望。

康有为的"大同""小康"观有为维新变法提供理论支持的

————————

① 新儒家是指新文化运动以来，鉴于全盘西化的思潮在中国的影响力的扩大，一批学者坚信中国传统文化对中国仍有价值，认为中国本土固有的儒家文化和人文思想具有永恒的价值，因而谋求中国文化和社会现代化的一个学术思想流派。

② 何休（129—182 年），中国东汉时期今文经学家。

目的，但也代表了近代资产阶级改良派在特定时代背景下的政治主张，为当时的社会治理提供了新的道路选项。

孙中山等资产阶级革命派在改良派的基础上进一步推演"大同"观，提出"天下大同"的最高理想，即世界一统、国家消亡，各民族相互融合又和平共处的状态。"天下大同"的前提是"社会大同"，即建立起一个高度和谐的国家。但因为阶级局限性，他们也未能真正扭转近代中国积贫积弱的历史局面，国富民强的"大同"社会未在其领导下成为现实。

无差别的平等社会是人类自古以来的永恒追求。由于生活环境、理论背景和思维方式的不同，根植于东方文化基因的儒家"大同社会"，与西方的"理想国"等人类理想社会在构建思路和表现形式上不尽相同。

如前文所述，以孔子为代表的先秦儒家以某种"自然秩序"作为人类社会秩序创建的伦理范式和标准，以"仁爱"为原则，通过人与人之间的彼此感化和包容建立起一个关爱彼此的和谐世界，代表了中国古代人们追求社会和谐的最高境界。而古希腊时期的柏拉图提出的"理想国"，则集合政治学、伦理学、本体论和认识论于一体，为后人展现了一幅超越现实国度的彼岸世界蓝图。

总之，将"小康""大同""理想国"这些政治概念进行某种角度的比较，有利于我们重新认识这些社会理想所蕴含的价值理念，从中获得全面建成小康社会的重要启示。

二、跳不出的魔咒

纵观古代中国社会发展的历程，传统儒家的"小康"及"大同"思想虽然符合人类追求美好生活的天性，却始终缺乏实践依据，数千年来从未真正、全面和持久地实现过。近现代著名教育家和社会活动家黄炎培先生提出的"历史周期率"，从另一侧面对此种现象作了深刻的诠释，值得我们警醒。

"暂时做稳了奴隶的时代"

古代中国不乏雄主名臣胸怀远大抱负，孜孜于对"生民小康"的追求，其文治武功煊赫一时，甚至还出现过许多为后世史家所津津乐道的"治世""盛世""中兴"时代，但终究不过是昙花一现，空留后人抚卷喟叹。

就"治世"而言，比较知名的有西周周成王姬诵、周康王姬钊开创的成康之治，西汉文帝刘恒、景帝刘启的文景之治，南朝宋文帝刘义隆的元嘉之治，隋朝的隋文帝杨坚的开皇之治，唐朝唐太宗李世民的贞观之治，唐高宗李治的永徽之治，武则天开创的武周之治，北宋宋真宗赵恒的咸平之治、宋仁宗赵祯的仁宗之治，明朝明太祖朱元璋的洪武之治，明仁宗朱高炽、宣宗朱瞻基的仁宣之治……

就"盛世"而言，比较知名的有上古时代的尧舜盛世、汉武帝刘彻的汉武盛世、唐玄宗李隆基的开元盛世、明成祖朱棣的永乐盛世、从清康熙帝玄烨至乾隆帝弘历的康乾盛世……

此外，在中国历史上也不乏"中兴"王朝。有名的中兴时代有少康中兴、武丁中兴、光武中兴、唐宪宗元和中兴、明孝宗弘治中兴、明神宗万历中兴等，不一而足。

在这些难得的历史时期，百姓基本能过上差强人意，甚至较为宽裕的平安生活。

史载，西汉文帝、景帝推崇黄老治术，采取"轻徭薄赋""与民休息"的政策治理国家，生产逐步得到恢复并且迅速发展，社会比较安定，百姓比较富裕，出现了多年未有的治世景象。到景帝后期时，国家的粮仓充盈起来了，府库里的铜钱多年不用，以至于穿钱的绳子都腐烂了，散钱多得无法计算。

唐朝贞观年间，太宗推行各项善政，经济发展迅速，社会安定，人民丰衣足食，奠定了唐朝此后 274 年的基础。唐玄宗治国以道家清静无为思想为宗，励精图治，任用贤能，提倡文教，开元年间政治清明，经济迅速发展，唐朝成为当时世界上最强盛的国家，史称"开元盛世"，前后共 29 年。目睹开元盛世富足盛况的诗圣杜甫在其《忆昔》一诗中回忆道：

> 忆昔开元全盛日，
> 小邑犹藏万家室。
> 稻米流脂粟米白，
> 公私仓廪俱丰实。

诗句的意思是，开元全盛时期，连小县城都有上万户人家。农业连年获得丰收，粮食装满了公家和私人的仓库，人民生活十分富裕。

开元虽盛，但篇首之"忆昔"二字，说明此种情形已成往事。

即使是被传统观念视为蛮夷的元朝，在其立国之初，也曾开创过人民生活丰足时期。《明太祖实录》卷三十九记载："元主中国，殆将百年，其初君臣朴厚，政事简略，与民休息，时号小康。"《明太祖实录》卷五十三又说："元虽夷狄，入主中国，百年之内，生齿浩繁，家给人足，朕之祖父亦预享其太平。朕本农家，乐生于有元之世！"可见元初的兴盛景况。

元朝后期，政府逐渐腐败，导致民不聊生。朱元璋驱逐蒙元，励精图治，国家很快步入复兴发展时期。

尤其值得称道的是，明成祖朱棣在位期间，国家取得了重要的社会发展成就。

明成祖朱棣（1360—1424年），生于应天府（今南京），是明朝第三位皇帝。朱棣早期被封为燕王，后发动靖难之役，起兵攻打建文帝，1402年在南京登基，年号永乐，故后人又称其为永乐大帝。

朱棣胸怀大志，非常注意社会经济的恢复与发展，认为"家给人足""斯民小康"是天下治平的根本。他曾说："如得斯民小康，朕之愿也"①。

朱棣大力发展和完善军事屯田制度和盐商开中则例，保证军粮和边饷的供给。浚通大运河，促进了我国南北经济的联系和发展。在中原各地鼓励垦种荒闲田土，实行迁民宽乡、督民耕作等方法以促进生产，并注意蠲免赈济等措施，防止农民破产，保证

————————
① 见《明太宗实录》卷二十三。

了赋役征派。通过这些措施，永乐时"赋入盈羡"，达到有明一代最高峰。他还遣郑和下西洋，开辟海上丝绸之路，加强了中外文明的交流；迁都北京，抵御蒙古入侵；编纂历史巨著《永乐大典》，促进了文化的传承；等等。这一系列的举措，使得永乐年间社会经济得到进一步巩固和发展，疆域版图进一步拓展，政权更加稳固，国力达到鼎盛，百姓安居乐业。

可以说，史籍中的这些人民生活"小康"时期并不乏见……

但仔细辨析，可以发现，其"小康"内涵、标准，与我们今天中国特色社会主义的小康社会有着质的区别。但我们也无法否认，古典史家所认为的这些"小康"时代，相对于漫长古代社会里的其他时期，确实难得。因为，对于古代的生民来说，窘于生计、人格尊严无法保护甚至有性命之虞，可能是绝大多数时期的常态。

对此，鲁迅先生在杂文集《坟》中的《灯下漫笔》中径直指出——

> 任凭你爱排场的学者们怎样铺张，修史时候设些什么"汉族发祥时代""汉族发达时代""汉族中兴时代"的好题目，好意诚然是可感的，但措辞太绕弯子了。

作为史学根底深厚的学者型思想家，鲁迅所言并不为过。

不管是王朝的兴盛时期还是衰败时期，客观上看，国王、皇帝和奴隶主、贵族、地主们会尽可能地盘剥奴隶和农民，尽可能过上奢侈的生活。

就以明、清两代的帝王为例，在故宫这个最大的地主庄园、最大的封建堡垒里，作为明、清地主阶级的总代表，他们的日常生活花销无疑是天文数字！

他们利用收捐收税等手段，对全国劳动人民进行残酷剥削，收缴钱物日益增多，还霸占了大量土地由皇室直接收租剥削。至于通过封建特权搜刮来的珠宝珍奇，更多得无法计算。

他们每年的剥削所得，除了拿出一部分来维持其国家机器运转外，其余大部分都被挥霍掉了。据清代内务府档案记载，宫中生活费用的开支，平均每天需白银一万两以上，其中仅皇帝的一顿饭费，就可供近5000名农民吃一天。坤宁宫在清代是皇帝大婚的地方。光绪皇帝大婚时，耗费白银550多万两。这在当时可买大米6亿多斤，相当于360多万劳苦农民一年的口粮。

…………

统治阶级骄奢淫逸，人民苦不堪言。多少世代的农民，在大地上流尽了血汗，却达不到温饱。有多少农民在这一片片土地上面仰天叹息。这样的场景，散文家秦牧在其名作《社稷坛抒情》里为我们做了生动的描绘——

> 我们仿佛又会见了古代的唱着《诗经》里怨忿之歌的农民，像敦煌壁画上面描绘的辛勤劳苦的农民，驾着那种和古墓里挖掘出来的陶制高轮牛车相似的车子，奔驰在原野上，辛苦开辟着田地。然而他们一代代穿着破絮似的衣服，吃着极端粗劣的食物。你仿佛看到他们在田野里仰天叹息，他们一家老小围着幽幽的灯光在饮泣。

甚至有些人家，因为无法维持基本的生计而卖儿鬻女。史学家钱穆指出，汉代的私家奴隶也常常在矿山劳动："当时做奴隶，并不是出卖自由，只是出卖他对国家法规上一份应尽的职责。政府要禁止此风，便规定奴婢的人口税加倍征收。但有钱的养着大批奴隶，反可发大财。譬如入山烧炭、开矿之类，全需大批人工。出卖为奴，便如参加此发财集团。因此奴隶生活，反而胜过普通民户。这在《史记·货殖传》里讲得很详细。这是汉代的奴隶制度，和西方罗马帝国的农奴完全不同。罗马的农奴多半是战争得来的俘虏，汉代的奴隶是农民自己游离耕土，来参加大规模的工商新生产集合。如何可相提并论呢？"[1] 法国学者谢和耐在分析了大量史料后也指出："因违犯刑法而沦为奴婢者是中国社会中出现过的唯一的奴隶制形式"。[2] 中国古代因人犯罪而将其本人甚至连同其家人全部罚为奴婢，这往往是官奴婢，即国家的奴婢。

∙∙∙∙∙∙∙∙∙∙∙∙

"长太息以掩涕兮，哀民生之多艰。"这样的人间惨剧是古代普通人民大多数时间里的真实生活状态。

哪里有压迫，哪里就有反抗。

"王侯将相，宁有种乎？"秦末陈胜、吴广揭竿而起后，中国大大小小的农民起义不可胜数，其中仅大规模的农民战争就有西汉末年绿林赤眉起义、东汉黄巾起义、隋末农民起义、黄巢起义、元末农民战争、明末农民战争、白莲教起义、太平天国起义等近

---

① 钱穆：《中国历代政治得失》，三联书店 2005 年版，第 24 页。
② ［法］谢和耐：《中国社会史》，耿昇译，江苏人民出版社 1995 年版，第 65 页。

十次。

中国古代的农民起义不仅数量多，而且规模大，参战人员动辄几万、几十万甚至上百万！这些数字，放在世界范围，也让人侧目。

在推动社会整体进步的同时，中国古代的农民起义也显示了巨大破坏性。每当它们爆发时，华夏大地都要面临一次人口大灭绝。秦末农民战争后，人口不及以前的三分之一；绿林赤眉起义后，人口减少了三分之二；黄巾起义后，东汉5700多万人口"十不存一"……

"乱离人，不及太平犬。"在人类历史上，人民落难大多是因为国家羸弱、时局动荡或者是面临强大的外敌入侵。鲁迅曾在杂文《灯下漫笔》中对此有过鞭辟入里的分析——

> 假如有一种暴力，"将人不当人"，不但不当人，还不及牛马，不算什么东西；待到人们羡慕牛马，发生"乱离人，不及太平犬"的叹息的时候，然后给与他略等于牛马的价格，有如元朝定律，打死别人的奴隶，赔一头牛，则人们便要心悦诚服，恭颂太平的盛世。为什么呢？因为他虽不算人，究竟已等于牛马了。

这些情况充分说明，在古代中国，王朝的兴盛只是暂时的，绝大多数时期，人民的生活非常困窘。

土地是个核心问题

在中国古代，特别是封建社会的农民起义中，平等的封建制度特别是土地问题往往被放在很高甚至核心的地位。

黄巢起义①提出"天补均平"。黄巢"均平"口号的提出，在中国古代农民起义历史上还是第一次。

王小波、李顺起义②提出"吾疾贫富不均，今为汝均之！"起义的核心问题，逐渐指向了封建制度本身。

钟相、杨么起义③提出"等贵贱，均贫富"。这是中国历史上第一次提出"等贵贱"的口号。这个口号不仅仅指向经济问题，还对人民的政治地位提出了要求。

李自成起义④提出"均田免粮"。这一口号触及封建土地所有制，标志着古代中国农民起义达到了新的水平。

太平天国起义⑤提出"有田同耕，有饭同食，有钱同使，无处不均匀，无人不饱暖"。这个口号继承了传统中国农民起义"等贵贱，均贫富"等思想，又借用外来宗教的形式，为人们描绘了一个理想世界的蓝图。太平天国的领袖们把西方的基督教"平等"思想和中国古代的"大同"理想联系起来，创立了自己心中理想的"天国世界"，这其实是对我国古代"小康"及"大同"社会更具体、更理想化的阐释。

....

---

① 黄巢起义，是唐僖宗乾符五年（878年）至中和四年（884年）由黄巢领导的民变，是王仙芝起义的后续。也是唐末民变中，历时最久、遍及范围最大、影响最深远的一场农民起义。

② 王小波、李顺起义是北宋初的农民起义。993年，王小波在青城县（今四川都江堰西）发动起义，从者万余。不久，王小波牺牲，李顺继为首领。次年占成都，建大蜀政权，控制四川大部。北宋朝廷派兵镇压，攻陷成都，李顺遇害。余部坚持战斗，至995年失败。

③ 钟相、杨么起义，是指南宋建炎四年至绍兴五年（1130—1135年）发生的一次农民起义。湖南义军首领钟相、杨么等率众于洞庭湖地区连年抗击南宋官军围剿的战争。

④ 明天启、崇祯年间，陕北连年旱荒，农民纷起暴动。李自成在崇祯二年（1629年）起义，崇祯十六年（1643年）在襄阳称新顺王。次年正月，建立大顺政权。不久攻克北京，推翻明王朝。李自成起义胜利后招降吴三桂未果，清贵族入关，起义失败。

⑤ 太平天国起义又称太平天国运动，是清朝咸丰元年到同治三年（1851—1864年）期间，由洪秀全、杨秀清等人领导的反对清朝封建统治和外国资本主义侵略的农民战争，是19世纪中叶中国最大的一场大规模反清运动。

　　类似的口号很多，但其实质诉求是要求解决封建土地所有制问题。要厘清这一概念，我们必须用历史唯物主义的立场、观点和方法，运用马克思主义经济学思想进行研究。

　　习近平总书记在纪念马克思诞辰 200 周年大会上发表重要讲话时强调："学习马克思，就要学习和实践马克思主义关于生产力和生产关系的思想。"马克思主义经济学思想科学地阐述生产力和生产关系的基本原理，原则性地阐述科学社会主义的生产关系及其理论，是人类经济思想史上的伟大革命。

　　马克思和恩格斯创立的历史唯物主义认为，生产力是人们利用自然、改造自然和生产物质资料的能力。它由人的因素即劳动者和物的因素即生产资料构成。其中劳动者是决定性的因素。随着社会的发展，科学技术、管理、信息等对生产力的作用与日俱增，但它们不是独立的实体，只有通过人和物才能对生产力发挥影响。生产力是人类社会发展的最终决定力量。

　　从生产力的角度看，古代中国以农立国，农业是其主要生产方式。农业生产力在古代中国缓慢地不断地发展着。中国古代农业发展可以分为六个发展阶段——

　　新石器时代（距今约一万年至四千年以前）是中国农业技术的萌芽时期。中国农业大约起源于一万年前。它是在采集和渔猎经济中逐步发展起来的。农业的产生，为人类的文明进步奠定了坚实的基础。

　　夏、商、周（约前 2100—前 771 年）是中国农业技术的初步形成时期。这一时期，中国发明了金属冶炼技术，青铜农具开始应用于农业生产。水利工程开始兴建。农业生产力有了初步的发展。

春秋战国（前770—前221年）是精耕细作的发生时期。春秋战国是中国社会大变革和科技文化大发展时期。炼铁技术的发明使铁农具在农业生产中得到广泛应用，再加上畜力的利用，给农业的精耕细作提供了条件，推动了农业生产力的大发展。

秦、汉至南北朝（前221—589年）是中国北方旱地精耕细作技术的形成时期，也是北方地区旱地农业技术成熟时期。耕、耙、耱配套技术形成。多种大型复杂的农具先后发明并运用。农业生产力进一步发展。

隋、唐、宋、元（581—1368年）是中国南方水田精耕细作的形成时期。这个时期，经济重心从北方转移到南方，南方水田配套种植技术形成，水田专用农具得到发明并普及使用。同时棉花在中国逐渐推广，土地利用方式增多，南北方农业生产力同时获得大发展。

明朝至清后期（1368—1840年）是中国农业精耕细作的深入发展时期。这一时期中国普遍出现人多地少的矛盾，农业生产向进一步精耕细作化发展。美洲新大陆的许多作物被引进中国，对中国的农作物结构产生重大影响，多种经营和多熟种植成为农业生产的主要方式。

由以上史料可以看出，在漫长的历史长河中，我国的农业生产力是渐次发展的。这种发展，需要与一定的生产关系相适应。

马克思主义政治经济学认为，生产关系是指人们在物质资料生产过程中结成的社会经济关系，它是人们最基本、最主要的社会关系，决定了其他社会关系。生产关系有广义和狭义之分：狭义的生产关系是指人们在直接的生产过程中，即物质资料的"生产"环节中所建立起来的关系；广义的生产关系是指人们在物质资料生产的全过程中，即生产、分配、交换、消费全部四个环节中所发生和结成的各种经济关系。政治经济学研究的是广义的生产关系。

在马克思主义看来，生产力与生产关系是社会生产的两个方面，二者的有机统一构成生产方式。在生产方式中，生产力是内容，生产关系是形式；生产力决定生产关系，生产关系对生产力有反作用。生产力的发展是生产关系变化的原因和新旧生产关系更替的依据；是否能够推动生产力发展，是评判生产关系先进或落后的根本标准。生产关系一定要适合生产力发展的状况，是人类社会发展的普遍规律。

在此，我们着重研究中国封建社会生产关系。

封建制生产关系的基础是封建土地所有制。土地所有制是指在一定社会生产方式下，由国家确认的土地所有权归属的制度。土地所有制是生产资料所有制的重要组成部分，是土地制度的核心和基础。封建土地所有制是指在封建社会地主阶级统治其他阶级的制度。地主阶级通过掌握土地这一生产资料，对使用土地的农民进行榨取地租、放高利贷等剥削。在不同时期，中国封建土地所有制的形式也不尽相同，从春秋战国时期开始形成，到战国时期正式确立，这种土地所有制一直延续了两千多年。封建土地所有制包含三种形式：国家土地所有制、地主所有制和农民土地所有制。

其中，地主土地所有制是中国封建土地所有制和中国封建社会生产关系的重要内容。地主土地所有制的实质即地主拥有土地。地主是封建社会的富人阶级，他们出租土地，剥削贫苦农民，比较容易借助国家政权来保障既得利益。同时，地主阶级有更多的接受教育的机会，是国家官员的候选人阶级。

显而易见，中国农业社会生产力的不断发展，要求与之相适应的生产关系，但中国封建土地所有制和中国封建社会生产关系严重地阻碍了生产力的不断发展。

这种生产关系与生产力发展状况的不相适应，导致了严重的社会问题，在某种情形下甚至会发生农民起义、王朝更替等重大社会事件。

古代中国的农民为了农业生产的发展作出了巨大的牺牲，但大多数情况下，他们却往往难以维持温饱。马克思、恩格斯在《德意志意识形态》中指出："人们为了能够'创造历史'，必须能够生活。但是为了生活，首先就需要吃喝住穿以及其他一些东西。因此第一个历史活动就是生产满足这些需要的资料，即生产物质生活本身。"① 但中国古代百姓特别是占中国人口大多数的古代农民，往往缺衣少食。那么，为什么会出现"能够'创造历史'"的人们无法得到"吃喝住穿以及其他一些东西"的情况呢？

造成这种情况的主要原因，就是导致土地集中在少数人手里的封建土地所有制。

因此，要解决古代中国农民缺衣少食的问题，就必须把土地分给农民，真正实现耕者有其田。

---

① 《马克思恩格斯选集》第一卷，人民出版社 2012 年版，第 158 页。

但显而易见，在封建社会，这几乎是不可能达成的目标。

于是，由于土地兼并或遭受重大自然灾害，中国古代农民往往会迅速破产，从而挣扎在生死线上。正如黄仁宇所指出的："如果贫富的差距就是生死之别，即使是贫富差距不那么明显，也会构成最严重的问题。"① 民歌《地情》也对这种情况作了生动的描述——

> 茫茫任开眼，一望即无垠。
>
> 片片结泥块，层层累厚深。
>
> 土能生万物，地可出黄金。
>
> 生死托斯寄，七尺报母心。

这些失地或少地农民出于生存本能提出的平均分配土地的渴求，让古代中国农村实际成为一个巨大的火药库。在这种情形下，农民起义频繁爆发就不稀奇了。

但是，中国古代的农民起义，又几乎不存在成功的可能性！其根本原因在于农民的阶级局限性——农民起义领导者的最高目标，往往就是使自己成为地主。陈胜"王侯将相，宁有种乎"等个人主义式的内心呼喊正是这一目标的具体体现。

虽然在陈胜以后的农民起义中，也出现了"均贫富，等贵贱"的平等、均富思想，但农民起义的领导者时时刻刻会受到享乐主义、权力思想的腐蚀。

同时，由于受教育水平有限，农民起义的领袖们必须由文化水平较高的地主阶级异己成员为其出谋划策，因而最终难免被其

---

① 黄仁宇：《黄河青山》，张逸安译，三联书店2001年版，第291页。

同化，从而使农民起义演变为起义领袖个人迈向皇座的工具，或者农民起义领袖会臣服于旧有的政权结构，而坚持最初起义理想的义军领袖，最终几乎都是被孤立而没落。

跳不出的魔咒

回顾中国古代史，我们确实可以发现，历代农民起义非常频繁，但就其建立的政权性质而言，没有一次取得成功；即使是地主阶级自身主导的改朝换代，往往也只是暂时性的社会进步，并不能保持王朝持久的政权稳定和民生幸福。

就这种现象，著名教育家与社会活动家黄炎培先生，曾在延安与毛泽东有过一场精彩的"窑洞对"。

1945 年 6 月，褚辅成、黄炎培、冷遹、王云五、傅斯年、左舜生、章伯钧七位国民参政员联名致电毛泽东、周恩来，表示希望访问延安，为国共两党谈判搭建桥梁。不久，中共中央回电欢迎。

除了王云五因病受阻外，其他六名参议院登上了前往延安的飞机。7 月 1 日，延安的中共领导人，自毛泽东、周恩来、朱德以下，全部到机场迎接。

六位参政员将要回重庆时，毛泽东询问黄炎培有什么感想。黄炎培坦率地回答："我生六十多年，耳闻的不说，所亲眼看到的，真所谓'其兴也勃焉''其亡也忽焉'，一人，一家，一团体，一地方，乃至一国，不少单位都没有能跳出这周期率的支配力。大凡初时聚精会神，没有一事不用心，没有一人不卖力，也许那时艰难困苦，只有从万死中觅取一生。既而环境渐渐好转了，精神也就渐渐放下了。有的因为历史长久，自然地惰性发作，由少数演变为多数，到风气养成，虽有大力，无法扭转，并且无法补救。也有为了区域一步步扩大，它的扩大，有的出于自然发展，有的为功业欲所驱使，强求发展，到干部人才渐见竭蹶、艰于应付的时候，环境倒越加复杂起来了，控制力不免趋于薄弱了。一部历史'政怠宦成'的也有，'人亡政息'的也有，'求荣取辱'的也有。总之没有能跳出这周期率。中共诸君从过去到现在，我略略了解的了。就是希望找出一条新路，来跳出这周期率的支配。"

毛泽东同志听了这番话，回答说："我们已经找到新路，我们能跳出这周期率。这条新路，就是民主。只有让人民来监督政府，政府才不敢松懈。只有人人起来负责，才不会人亡政息。"[1]

在黄炎培看来："这话是对的"，因为"只有把每一地方的事，公之于每一地方的人，才能使地地得人，人人得事。把民主来打破这周期率，怕是有效的。"

黄炎培先生特别提到的"人亡政息"一词，出自《中庸》。原文为："文武之政，布在方策。其人存，则其政举。其人亡，则其政息。"

意思是，周文王、周武王的政令都记载在典籍上。他们在世时，其政令都能得到执行；他们亡故后，其政令便停止执行了。也即，政令的贯彻因人事更迭而中断，政治局面因执政者的代谢而改变。

那么，为什么在漫长的古代社会中会出现"人亡政息"的

---

① 黄方毅：《黄炎培与毛泽东周期率对话——忆父文集》，人民出版社 2012 年第 1 版。

"历史周期率"现象呢？

我们知道，客观世界中，事物发展都有一个由无到有，由弱到强，由强到盛，然后又经历由盛到衰，由衰到弱，最后消亡的过程。可以说，兴亡相随，是一个普遍规律。

从宏观历史的角度看，人类社会历史的发展过程同样遵循这一客观规律。一人、一家、一组织、一政党，在取得成功、夺取政权之后，从古到今，无一例外地就是要巩固自己的地位和政权，但无一例外会进入到历史兴亡的大轮回中。

为何？因为"其兴也勃焉""其亡也忽焉""人亡政息""求荣取辱"，这一历史兴亡的周期律，是人类社会历史发展的客观规律。

承认这种客观现实，使每一个组织、每一个政权，能够正确对待所获得的地位，少做或者不做逆历史潮流而动的事，甚至像毛泽东同志所说的那样"找到新路""让人民来监督政府"。只有这样，"政府才不敢松懈。只有人人起来负责，才不会人亡政息"。只有这样，才能让整个社会在一个相对平和的环境中不断前进。

事实上，在一些古代王朝衰落的过程中，统治阶级内部的有识之士也不时有声音呼吁改革。但历史表明，历代王朝终究无法摆脱黄炎培所说的"兴亡周期率"，"其兴也勃焉""其亡也忽焉""人亡政息""求荣取辱"也成为古代中国历代王朝无法跳出的"魔咒"。

第二章

大蓝图：托举新时期共产党人的初心与使命
(1949—1981 年)

党的十九大报告指出，中国共产党从成立之日起，既是中国先进文化的积极引领者和践行者，又是中华优秀传统文化的忠实传承者和弘扬者。邓小平同志对"小康"含义的新论断，是中国传统文化古为今用、推陈出新的成功探索，是中国共产党人弘扬和传承中国传统文化的重大的思想成果。

在继承中国优秀传统文化的同时，以邓小平同志为核心的党的第二代中央领导集体直面我们国家大、人口多、底子薄的客观实际，克服重重困难和挑战，带领全党全国各族人民深刻总结我国社会主义建设正反两方面经验教训，借鉴世界社会主义历史经验教训，以非凡的胆略和坚定的自信，作出把党和国家工作重心转移到经济建设上来、实行改革开放的历史性决策，成功开创了中国特色社会主义，擘画了构建小康社会的宏伟蓝图。

道路关乎党的命脉，关乎国家前途、民族命运、人民幸福。在构建小康社会伟大战略目标的指引下，新时期中国共产党人秉持赤诚初心，同心同德，攻坚克难，为绘就构建小康社会这一宏伟蓝图做出了不懈的努力，取得了辉煌成就。

一、一唱雄鸡天下白

马克思在《黑格尔法哲学批判》导言中指出："批判的武器当然不能代替武器的批判，物质力量只能用物质力量来摧毁"。[①] 唯有将批判的武器和武器的批判结合起来，进行武装革命，建立新中国，才能彻底改变中国半殖民地半封建社会的社会性质，在中国这个古老的东方大国建立适应生产力发展的社会主义新型生产关系，从而为构建小康社会这一宏伟蓝图奠定坚实的基础。因此，考察构建小康社会的宏伟蓝图的来龙去脉，除了深入研究小康这一数千年民族梦想的发端和求索历程，也必须深刻认识到以毛泽东同志为代表的党的第一代中央领导集体在带领人民求翻身、谋幸福的艰辛斗争中所展现出来的伟大斗争精神。

建设一个新世界

鸦片战争后，在半殖民地、半封建社会的旧中国，土地私有制仍像紧箍咒一样紧紧地束缚着生产力的发展，迟滞着中国人小康理想的实现。

19 世纪中叶，中国人民沦入半殖民地半封建社会的水深火热之中，经济文化的发展水平落后于世界，中国人民经历了战乱频仍、山河破碎、民不聊生的深重苦难。

为了民族复兴，无数仁人志士不屈不挠、前仆后继，进行了

---

① 《马克思恩格斯全集》，人民出版社 2002 年版，第 9 页。

可歌可泣的斗争，进行了各式各样的尝试，但终究未能改变旧中国的社会性质和中国人民的悲惨命运，让中国人民过上幸福生活的美好理想仍然无法实现。

十月革命一声炮响，给中国送来了马克思列宁主义。

在马克思主义的指引下，中国共产党一经成立，就把实现共产主义作为党的最高理想和最终目标，义无反顾地肩负起实现中华民族伟大复兴的历史使命，团结带领人民进行了艰苦卓绝的、包括土地革命在内的伟大斗争，谱写了气吞山河的壮丽史诗。

事实上，其时的国民党政府中，也不乏有识之士洞察了土地私有制对民生幸福和国家发展的戕害和制约。

国民党元老、曾任国民党中央执行委员会常务委员会主席、浙江省政府主席的张静江，于 1928—1929 年在浙江乡村主持土地改革，推行"二五减租"，赎买乡绅土地，均分给农民。因与国民党内乡绅集团的冲突，导致地方乡绅武装袭击国民党党部、刺杀土改专员等，甚至酿成叛乱，只好作罢。

这次土改失败后，张静江于 1929 年写下了《吾之败，吾党之败》一文。文中，他痛惜地说："吾之败，非败于时，实败于本党同僚也。土地之改革，并非激进党独有之政，亦应为吾等革命者共有之政。""今日吾败了，吾被党内乡绅们的代言者击败了。吾痛心，吾恐若干年后，吾党因此而败，败于激进派的土地革命之手！"历史的发展证明，张静江所言不虚。

殷鉴不远。1949年，国民党反动当局败逃台湾后，由陈诚①具体主持土改，以十五分之一的价格从地主手中收回土地分给无地农民，并镇压了数千个反抗这项政策的地主。

与国民政府的软弱无力形成鲜明对比的是，从土地革命战争到家庭联产承包制，中国共产党紧紧围绕解放和发展生产力这一马克思主义基本原理，坚守"为中国人民谋幸福，为中华民族谋复兴"这个初心，致力于实现中国农民数千年来拥有土地的梦想，不断根据时代要求调整自己的土地政策，取得了辉煌的历史性成就——

中国共产党自1921年党的"一大"党纲中提出土地问题起，就十分重视土地和土地确权问题，不断推出相关重大举措，深受广大人民的拥护。

红色苏区时，我们党制定了"耕地农有"政策，打土豪、分田地、废除封建剥削和债务，紧紧依靠贫雇农，联合中农，限制富农，保护中小工商业者，消灭地主阶级，变封建半封建的土地所有制为农民土地所有制，使广大贫雇农在政治上翻了身，经济上分到土地，生活上得到保证。为保卫胜利果实，农民积极参军参战，发展生产。

抗日战争时期依据社会主要矛盾的变化，即由中国人民与大地主大资产阶级的阶级矛盾变为中华民族与日本侵略者之间的矛盾，国共两党由内战到和平、由分裂对峙到合作抗日。面对国内形势重大变化，我们党实行"双减双交"政策②，承认地主对土

———————————

① 陈诚（1898—1965年），字辞修，浙江省丽水市青田县人，中华民国陆军一级上将。历任台湾省政府主席、中国国民党副总裁、台湾地区"行政院长"等职。
② 即地主减租减息、农民交租交息政策。

地财产的所有权，同时保证农民的承佃权，即限制封建剥削。

解放战争时期制定《中国土地法大纲》，我们党领导人民在解放区没收地主土地，废除封建剥削的土地制度，实行耕者有其田的土地制度，按农村人口平均分配土地。

新中国成立后，1950—1952 年，我们党颁布《中华人民共和国土地改革法》，彻底废除了在我国延续数千年的封建剥削土地制度，消灭了地主阶级，使农村生产力得到解放，为农业生产力的发展和国家工业化开辟了道路。通过土地改革，我国广大农民群众的生产积极性被调动起来，农业生产水平得到很大程度的提高，农村面貌也得到了改善，促进了农村经济的恢复和发展。

1953—1956 年三大改造时期，我们党推动了农业合作化。其时，因分散、落后的小农经济束缚着农村生产力的发展，难以满足国家经济建设发展的需要，我们党采取积极发展、稳步前进的方针，按照自愿互利的原则，依照典型示范、逐步推进的方法，按照"农业互助组—初级农业生产合作社—高级农业生产合作社"的步骤推动进行农业合作化改造。1955 年以后，农业合作化步伐加快，我国基本完成对农业的社会主义改造。农村生产资料所有制形式基本实现了生产资料公有制。

新中国成立后，除了坚决彻底地实行土地改革，我们还在其他领域取得了重大成绩。1953 年，除了农业社会主义改造外，中国共产党还对手工业和资本主义工商业进行了社会主义改造。社会主义三大改造的完成，实现了生产资料私有制向社会主义公有制的转变，使中国从新民主主义社会跨入了社会主义社会，初步建立了社会主义的基本制度，在理论上和实践上丰富和发展了马克思列宁主义的科学社会主义理论，极大地促进了工业、农业、工商业的社会变革和整个国民经济的发展。

早在1949年3月5日，在河北省平山县西柏坡召开的中共七届二中全会上，毛泽东就指出："我们不但善于破坏一个旧世界，我们还将善于建设一个新世界。"① 新中国政权稳定后，这个建设新世界的路径变得越来越清晰。其中，1949—1957年，毛泽东同志在社会建设方面进行了大量的实践探索和理论创新，逐步形成了成熟的社会建设理论。这些理论不仅丰富了马克思主义社会建设理论，而且攸关民生福祉，对当代中国社会建设也具有重要的影响。

在社会就业方面，以毛泽东同志为核心的党的第一代中央领导集体通过牵住发展生产这个"牛鼻子"，在农村采取就地安置的办法，在城市实行扩大就业的政策来促进就业；在教育方面，坚持教育公平原则，通过在全社会发展大众教育来提高广大人民群众文化水平。同时改革教育体制，创新发展了高等教育和中小学教育体制；针对医疗卫生水平落后的国情，毛泽东同志提出发展医疗卫生事业的总方针，通过开展爱国卫生运动等方式有效地提高了新中国医疗卫生水平；在社会保障方面，毛泽东同志提出社会优抚思想，倡导建立社会福利体系，实行全国社会保险等工作来保障人民基本生活；在解决社会矛盾方面，毛泽东同志创造性地提出正确处理人民内部矛盾的思想，他指出要承认矛盾的普

---

① 《毛泽东选集》第四卷，人民出版社1991年版，第1439页。

遍性，社会主义国家也存在矛盾，主张依据矛盾的不同性质采取不同的解决办法；毛泽东同志运用统筹兼顾、恰当安排的方针，协调处理各方利益关系，对当今加强社会治理起到了重要的启示作用。

毛泽东同志在《论人民民主专政》一文中指出："经过人民共和国到达社会主义和共产主义，到达阶级的消灭和世界的大同。"① 在党的领导下，通过全国各族人民的不懈努力，我们国家确立了社会主义基本制度，推进了社会主义建设，完成了中华民族有史以来最为广泛而深刻的社会变革，为当代中国一切发展进步奠定了根本政治前提和制度基础，实现了中华民族由近代不断衰落到根本扭转命运、持续走向繁荣富强的伟大飞跃，也让几千年来古人所梦想的"小康社会""大同社会"逐步变成现实。

一切都蓬勃发生，一切都充满希望。

1950 年 10 月，为了庆祝新中国成立一周年，全国各少数民族代表在中南海怀仁堂隆重欢聚向毛泽东及其他党、政、军领导人献礼、献旗，以表各族人民对毛泽东和共产党的热爱。毛泽东同志与柳亚子等知名人士同席观看了歌舞晚会。

柳亚子先生即兴赋《浣溪沙》一首赠予毛泽东同志。次日，毛泽东又步韵和了这首词赠予柳亚子。词中一句"一唱雄鸡天下白"，极其鲜明地写出了新旧社会天上人间的反差，也生动地反映出中国人民在中国共产党的带领下，团结一致，励精图治，不断拥有的开创幸福生活的期盼和能力。

---

① 《毛泽东选集》第四卷，人民出版社 1991 年版，第 1471 页。

回首这种期盼和能力，无疑对于我们今天在新起点上继续为中国人民谋幸福具有重要作用。

愚公移山，改造中国

樱桃好吃树难栽，不洒心血花不开。

社会主义基本制度确立后，全国人民在党的领导下投身轰轰烈烈的社会主义建设事业。无数平凡的人，凭借伟大的信念，汇聚伟大的力量，造就了不平凡的事业。他们中涌现出了一大批像焦裕禄、谷文昌、吕玉兰这样的优秀党员干部，也创造了红旗渠工程这样的人间奇迹，谱写了一曲曲壮丽的奋斗之歌。

谷文昌，1915 年 10 月生，原名程栓，河南省林州市石板岩镇（原林县石板岩乡）郭家庄南湾村人。他小时曾逃荒求乞，稍长当长工，学打石。1943 年 3 月加入中国共产党，任过区长和区委书记。1949 年 1 月随军南下。1950 年 5 月 12 日东山解放。谷文昌任中共东山县第一区工委书记，后历任中共东山县工委（县委）组织部长、县长、县委书记及福建省林业厅副厅长、龙溪地区革委会副主任、龙溪行政公署副专员。

东山岛东南部，原有 3.5 万多亩荒沙滩，狂风起时飞沙侵袭村庄，吞噬田园。谷文昌到东山不久即了解到这一情况，关切地说："不制服这风沙灾害，东山人民是无法过好日子的。要治穷，得先除害！"他随即研究制订了治理风沙的方案。他与县委一班人，先后八次组织干部群众筑堤拦沙、挑土压沙、植草固沙、种树防沙……但收效不大。他发誓："不制服风沙，就让风沙把我埋掉！"

1958 年春，东山县委向全县发出号召："上战秃头山，下战飞沙滩，绿化全海岛，建设新东山！"全县党政军民、男女老少齐上阵，掀起轰轰烈烈的造林运动，数天时间栽了 20 万株木麻黄树。岂料气温骤降，持续一个月倒春寒使树苗大部分被冻死。

谷文昌组织一个由领导干部、林业技术员和老农民组成的造林实验小组，亲自担任组长。1960 年夏天，全县掀起轰轰烈烈而又扎扎实实的全民造林运动。至 1964 年造林 8.2 万亩，全县 400 多座小山丘和 3 万多亩荒沙滩基本绿化，141 公里的海岸线筑起"绿色长城"。谷文昌还发动群众挖塘打井、修筑水库、开发利用地下水资源，使东山缓解了旱情。

1981 年 1 月 30 日，谷文昌在漳州病逝。

1987 年 7 月 15 日，谷文昌骨灰被安葬在东山县赤山林场。1991 年，根据谷文昌一生的表现，党发出"向谷文昌同志学习"的号召。2009 年 9 月，谷文昌同志被评为"100 位新中国成立以来感动中国人物"。

丰碑是由事业和民心铸成的。一个为人民谋幸福的人，必然得到人民的热爱。谷文昌的精神和业绩，鲜明生动地回答了一个共产党员"入党为什么，当了干部做什么，身后留点什么"的历史课题，也向我们说明，共产党人只有不忘初心、牢记使命，始终坚持全心全意为人民服务，不断带领人民为开创幸福生活而努力，才能赢得人民群众的爱戴。

同样在二十世纪五六十年代，同样在谷文昌出生地河南省林县，另一项为改变恶劣的生存条件、改善人民生活而进行的伟大工程也在轰轰烈烈地进行着。

红旗渠，位于河南省林县（今林州市），处于河南、山西、河北三省交界处，历史上严重干旱缺水。

据史料记载，从明朝正统元年（1436年）到1949年新中国成立的514年间，林县发生自然灾害100多次，大旱导致庄稼绝收30多次。有时大旱连年，河干井涸，庄稼颗粒不收。据史料记载和民间传说，干旱严重到"人相食"的地步。

元代潞安巡抚李汉卿筹划修建了天平渠，明代林县知县谢思聪组织修建了谢公渠，但是这些工程也只解决了部分村庄的用水问题，不能从根本上改变林县缺水的状况。

1949年林县解放后，县政府组织修建了许多水利工程，在一定程度上缓解了用水困难的问题。

1957年起，林县先后建成英雄渠、淇河渠和南谷洞水库弓上水库等水利工程。但由于水源有限，仍不能解决大面积灌溉问题。

1959年，林县又遇到了前所未有的干旱。境内的四条河流都断流干涸了，已经建成的水渠无水可引，水库无水可蓄，山村群众又得远道取水吃。经过多次讨论，要解决水的问题，林县必须寻找新的可靠的水源。但是在林县境内没有这样的水源，县委把寻水的目光移向了林县境外，想到了水源丰富的浊漳河。

1959年10月10日，林县县委召开会议，专门研究"引漳入林"工程，决定把浊漳河的水引到林县来。时任中共林县县委书

记的杨贵发出了"重新安排林县河山"的号召。工程定于 1960
年 2 月开工，当时正逢三年自然灾害时期，全县只有 150 亩耕
地、300 万元储备金、28 名水利技术人员。

1960 年 2 月，林县人民开始修建红旗渠，经过豫晋两省协商
同意，后经国家计委委托水利电力部批准。

1960 年 3 月 6 日到 7 日，林县引漳入林委员会在盘阳村召开
全体会议，会上把"引漳入林"工程正式命名为"红旗渠"工
程，寓意"高举红旗前进"。

于是，几十万食不果腹的民工用简陋的工具、落后的技术手
段，以一颗火红的心和坚韧的意志，创造了愚公移山式的千
古伟业。

历经风霜雪雨，红旗渠胜利建成。

经过顽强奋战，红旗渠于 1965 年 4 月 5 日总干渠通水，1969
年完成干、支、斗渠配套建设。至此，以红旗渠为主体的灌溉体
系基本形成。灌区有效灌溉面积达到 54 万亩。

红旗渠的建成与使用，是林县人民发扬"自力更生，艰苦创
业、自强不息、开拓创新、团结协作、无私奉献"红旗渠精神创
造的一大奇迹。为了工程的完工，多少人把青春奉献给了山石险
峰，却始终无怨无悔；在红旗渠这千里长渠上，又洒下了多少林
县儿女的热血！

筚路蓝缕，以启山林。

在无数谷文昌式的优秀共产党员的带领下，林州人民在幸福生
活的道路上阔步前进——如今的林州，早已变得郁郁葱葱，放眼望

去，整齐的梯田和绿油油的远山随处可见。全长 1500 公里的红旗渠，也像一条黄色的巨龙盘踞在悬崖绝壁之上，彻底结束了林州十年九旱、水贵如油的苦难历史。

红旗渠精神和北大荒精神、大庆精神等革命精神一样，极好地诠释了毛泽东同志所提出的"愚公移山"精神。

早在 1945 年中共七大召开期间，毛泽东就三次讲到"愚公移山"。

第一次是在 4 月 24 日大会开幕第二天。作政治报告时，毛泽东借"愚公移山"这个寓言故事提醒大家，中国革命道路是艰难的，要有坚忍不拔的意志力和一定会取得最终胜利的信念。

第二次是 1945 年 5 月 31 日，毛泽东在中共七大上指出："同志们！我多次讲愚公移山的故事，就是要大家学习愚公的精神，我们要把中国反革命的山挖掉！把日本帝国主义这个山挖掉！"[1]

在闭幕会上，他指出全党目前面临的艰巨任务："现在也有两座压在中国人民头上的大山，一座叫做帝国主义，一座叫做封建主义。中国共产党早就下了决心，要挖掉这两座山。我们一定要坚持下去，一定要不断地工作，我们也会感动上帝的。这个上帝不是别人，就是全中国的人民大众。全国人民大众一齐起来和我们一道挖这两座山，有什么挖不平呢？"[2]

"愚公移山"的故事，出自《列子·汤问》。愚公为创造美好生活而挖山不止的寓言故事，表现了中国古代劳动人民移山填海

---

[1] 李国喜：《〈愚公移山〉诞生前后》，《学习时报》2020 年 4 月 27 日，第 7 版。
[2] 《毛泽东选集》第三卷，人民出版社 1991 年版，第 1102 页。

的坚定信心和顽强毅力，反映出中国人民"人定胜天"的意志和改造大自然的气魄，千百年来给一代代中国人带来哲理启发和精神鼓舞。勇于奋斗、敢于胜利也成为中华民族的鲜明品格。

"愚公移山，改造生活。"在那个物质匮乏的年代，中国共产党领导人民向世人展现了一个与困难进行艰苦斗争的胜利民族的形象，创造了一个又一个红旗渠式的震惊世界的奇迹！

这些奇迹，昭示了中国人民当家作主的勃勃生气，昭示了在"一穷二白"基础上建设新中国、开辟美好新生活的伟大精神力量！

二、总设计师的情怀与眼光

作为党的第二代中央领导集体的核心、改革开放的总设计师，邓小平同志坚持解放思想、实事求是思想路线，矢志不渝为人民摆脱贫困、实现富裕而努力探索。他尊重劳动人民的首创精神，善于从千千万万个小岗村这样的时代典型中，以一位伟大的马克思主义者的为民情怀和超凡战略眼光，娴熟地运用马克思主义科学原理，发现和总结历史的动力，提炼和明确国家、民族的前行方向，在中国这片辽阔的土地上，为亿万人民擘画了逐步实现小康、进而实现现代化的宏图伟略。建设小康社会这一蓝图的提出，为新时期全党全国人民干事创业提供了明确的指南。

首提"小康"

思想是行动的先导。从某种意义上说，新时期的向前进，是从向后看起步的。

1978 年 12 月 18 日，在中国共产党历史上，在中华人民共和国历史上，在中华民族历史上，都是载入史册的重要日子。

这一天，我们党召开了十一届三中全会。

这次会议彻底否定了"两个凡是"的方针，确立解放思想、实事求是的思想路线；停止使用"以阶级斗争为纲"的口号，作出把党和国家的工作重心转移到经济建设上来，实行改革开放的伟大决策；会议实际上形成了以邓小平同志为核心的党中央领导集体。

这次会议实现了新中国成立以来党的历史上具有深远意义的伟大转折，开启了改革开放和社会主义现代化的伟大征程，为构建小康社会开辟了新道路，具有伟大的历史意义。

党的十一届三中全会的东风，吹启了中华大地复苏的进程，举国上下到处洋溢着盎然生机。改革开放的总设计师邓小平同志，提出一个擘画已久的国家发展大计。

1979 年 12 月，日本首相大平正芳率领庞大的代表团访问中国。

大平正芳是日本财经官僚、政治家、第 68 和 69 任内阁总理大臣（首相）、日本著名的经济发展战略问题专家。"二战"后，大平正芳历任大藏省主计局事务官、大藏大臣秘书官、大藏省主计局科长等职。1957 年任自民党总务。自 1960 年起在历届内阁中任官房长官、外务、通产、大藏大臣等职。20 世纪 60 年代初，他所设计的日本经济发展十年倍增规划开始实施并获得成功，日本迅速成为世界经济强国。

作为资深的经济发展战略问题专家，1979 年 12 月 6 日，大平正芳在和邓小平会晤时，就中国发展的长远规划问题向邓小平咨询：中国根据自己独自的立场提出了宏伟的现代化规划，要把中国建设成伟大的社会主义国家。那么，中国将来会是什么样？整个现代化的蓝图是如何构思的？

对于大平首相的提问，邓小平没有马上回答。

大约一分钟的思考后，邓小平指出："我们要实现的四个现代化，是中国式的四个现代化。我们的四个现代化的概念，不是像你们那样的现代化的概念，而是'小康之家'。到本世纪末，中国的四个现代化即使达到了某种目标，我们的国民生产总值人均水平也还是很低的。要达到第三世界中比较富裕一点的国家的水平，比如国民生产总值人均 1000 美元，也还得付出很大的努力。就算达到那样的水平，同西方来比，也还是落后的。"①

这是邓小平第一次用"小康"这个新名词来描述未来 20 年中国的发展前景，也是第一次用"小康"来代替"四个现代化"的目标。

邓小平对"小康"含义的新论断，无疑是中国优秀传统文化古为今用、推陈出新的成功探索，堪称中国共产党人关于弘扬和传承中国优秀传统文化的重大的思维成果。

事实上，对于"小康是中国式的现代化"的界定，邓小平早有结论。

早在 1978 年 5 月 7 日，他在会见来访的马达加斯加客人时就谈及："总起来说，人民的积极性调动起来了，又有一定的物质基础，有丰富的资源，加上利用世界的先进技术，我们实现四个现代化是有可能的。当然也不那么容易。世界上先进技术发展很快，发展速度不是用年来计算，而是用月、用日来计算的，叫做'日新月异'。我们就是实现了四个现代化，工农业产品的产量和国民收入按人口平均来算，还是比较低的。"②

①《邓小平文选》第二卷，人民出版社 1994 年版，第 237 页。
②《邓小平文选》第二卷，人民出版社 1994 年版，第 111—112 页。

1979年3月，邓小平又深刻指出："过去搞民主革命，要适合中国情况，走毛泽东同志开辟的农村包围城市的道路。现在搞建设，也要适合中国情况，走出一条中国式的现代化道路。"①

同月，邓小平在会见英中文化协会执行委员会代表团时，又对马尔科姆·麦克唐纳团长谈到了这个问题。

他说："我们定的目标是在本世纪末实现四个现代化。我们的概念与西方不同，我姑且用个新说法，叫做中国式的四个现代化。现在我们的技术水平还是你们五十年代的水平。如果本世纪末能达到你们七十年代的水平，那就很了不起。就是达到这个水平，也还要做许多努力。由于缺乏经验，实现四个现代化可能比想象的还要困难些。"②

两天后，他在中央政治局会议上又把"中国式的四个现代化"表述为"中国式的现代化"③。

3月30日，他在理论工作务虚会上的讲话中，提到"底子薄"和"人口多，耕地少"是中国实现四个现代化和中国现代化建设"必须看到"和"必须考虑"的"两个重要特点"，并指出，在中国实现现代化的基本国情："中国式的现代化，必须从中国的特点出发"④。

10月，在出席中央召开的专门讨论经济工作的各省市自治区第一书记座谈会时，邓小平再次指出："我们开了大口，本世纪末实现四个现代化。后来改了个口，叫中国式的现代化，就

① 《邓小平文选》第二卷，人民出版社1994年版，第163页。
② 《邓小平年谱（一九七五——一九九七）》上卷，中央文献出版社2004年版，第496页。
③ 《邓小平年谱（一九七五——一九九七）》上卷，中央文献出版社2004年版，第497页。
④ 《邓小平年谱（一九七五——一九九七）》上卷，中央文献出版社2004年版，第502页。

是把标准放低一点。特别是国民生产总值，按人口平均来说不会很高。"[①]

这些重要论断清晰表明，邓小平同志很早就清醒地认识到，我们要实现的现代化不是欧美那样的现代化，只能是"中国式的现代化"。

"中国式的现代化"概念的提出，表明邓小平经过一年多的分析和思考，对未来中国的经济发展战略有了新的认识。

在邓小平的战略构想里，小康是中国式的现代化。

现代化是近代以来一直萦绕在中国人心头的民族梦想。一百多年以来落后挨打的惨痛历史，使中华民族对现代化有着格外强烈的憧憬——

从 19 世纪中叶起，中国的志士仁人就已为救亡图存、振兴中华而进行着经济、政治、文化教育的现代性变革，从而开启了中国走向近代化乃至现代化的历史步伐。

孙中山是一个有着世界眼光的伟大爱国者。他第一个喊出了"振兴中华"这一激动人心的口号。

1912 年，推翻清朝政府统治后，在南京成立的中华民国临时政府颁布的《中华民国国歌》中，首句便是"亚东开化中国早，揖美追欧，旧邦新造"。

孙中山先生也提出了中国近代化的比较完整的设计，散见于有关三民主义、五权宪法、建国大纲、建国方略等问题的重要论著中。他对于中国政治、经济和文化教育的近代化，几乎作了全

---

① 《邓小平年谱（一九七五——一九九七）》上卷，中央文献出版社 2004 年版，第 563 页。

方位的目标设定，为后人留下了弥足珍贵的思想遗产。

但囿于阶级和时代的局限性，在国家主权尚且维护不了的旧时代，孙中山先生关于在中国实现现代化的理想无法实现。

新中国成立后，中国共产党继承和发展了孙中山先生关于建设人民享有民主权利和幸福生活的理想，团结带领全国各族人民自力更生、艰苦奋斗，国家完成了从新民主主义到社会主义的转变，真正开启了实现现代化的征程。

1954 年 9 月，毛泽东同志在一届全国人大上向全国人民发出将"一个经济上、文化上落后的国家，建设成为一个工业化的具有高度现代文化程度的伟大的国家"的号召。周恩来在会上作的《政府工作报告》第一次明确提出要建设"强大的现代化的工业、现代化的农业、现代化的交通运输业和现代化的国防"，从而对"四个现代化"概念作了最早的表述。

10 年之后的 1964 年 12 月，周恩来在三届全国人大一次会议上，正式把实现四个现代化作为中国的发展战略目标："总的说来，就是要在不太长的历史时期内，把我国建成为一个具有现代农业、现代工业、现代国防和现代科学技术的社会主义强国，赶上和超过世界先进水平。"[1] 其中"不太长的历史时期"，就是指到 20 世纪末。1975 年 1 月召开的四届全国人大重申了这个目标。但因为众所周知的原因，这一目标实际上并未得以落实。

对于实现四个现代化的重新认识，攸关在中国如何规划建设小康社会的发展大计。1979 年 3 月，邓小平在党的理论工作务虚

---

① 《周恩来年谱（一九四九——一九七六）》中卷，中央文献出版社 1997 年版，第 696 页。

会上提出："我们当前以及今后相当长一个历史时期的主要任务是什么？一句话，就是搞现代化建设。能否实现四个现代化，决定着我们国家的命运、民族的命运。"①

传承理想是中国共产党人的宝贵品质。回顾历史，我们可以清晰地发现，邓小平所提出的在中国建设小康社会的战略构想，既立足于现实国情，也根植于深厚的优秀传统文化。这种宝贵的品质，既启迪全党全国各族人民解答了时代的课题，又开启了未来。

"小康"标准及意义

"器范自然，标准无假。"从哲学意义上讲，标准是客观事物所具有何种意义的一种参照物。

作为一种比较的标本，作为一种区分其他事物的中介，标准本身必须是由一分为二的相互对立的两个部分构成。例如，零摄氏度采自冰水混合物的温度，它是区分正摄氏度与负摄氏度的标准。

技术意义上的标准，就是一种以文件形式发布的统一协定，其中包含可以用来为某一范围内的活动及其结果制定规则、导则或特性定义的技术规范或者其他精确准则。

及时确定实现小康的具体标准，可以整合和引导社会资源，为各种经济及其他社会活动或其结果提供规则或指南，激活科技要素，加速技术积累，促进社会进步，确保早日建成小康社会。

---

① 《邓小平文选》第二卷，人民出版社1994年版，第162页。

邓小平同志以其高瞻远瞩的战略思考和严肃客观的科学精神，立足国情，放眼未来，及时回答了实现小康的标准问题，为中国人民构建小康社会的具体实践提供了根本遵循。

1979 年 7 月 28 日，邓小平第一次为"中国式的现代化"定出了标准。他说："搞现代化就是要加快步伐，搞富的社会主义，不是搞穷的社会主义。"[①]

两个多月后，在 1979 年 10 月 4 日召开的中央政治局会议上，他参照国际上通用的人均国民生产总值，对这个标准做了详细的论证和说明。他说："所谓政治，就是四个现代化。我们开了大口，本世纪末实现四个现代化。后来改了个口，叫中国式的现代化，就是把标准放低一点。特别是国民生产总值，按人口平均来说不会很高。据澳大利亚的一个统计材料说，一九七七年，美国的国民生产总值按人口平均为八千七百多美元，占世界第五位。第一位是科威特，一万一千多美元。第二位是瑞士，一万美元。第三位是瑞典，九千四百多美元。第四位是挪威，八千八百多美元。我们到本世纪末国民生产总值能不能达到人均上千美元？前一时期我讲了一个意见，等到人均达到一千美元的时候，我们的日子可能就比较好过了，就能花多一点力量来援助第三世界的穷国。现在我们力量不行。现在我们的国民生产总值人均大概不到三百美元，要提高两三倍不容易。"[②]

邓小平对"小康"标准的界定不断深化。

---

① 中共中央文献研究室科研管理部：《新中国 60 年研究文集（3）》，中央文献出版社 2009 年版。

② 《邓小平文选》第二卷，人民出版社 1994 年版，第 194—195 页。

　　1980 年 5 月 12 日，邓小平对英国前首相詹姆斯·卡拉汉说：
"我们的四个现代化，不同于包括你们英国在内的发达国家的现
代化，中国人口太多，要达到你们那样的现代化，人均年收入五
千至七千美元，不现实。所以，我们提出的现代化是中国式的现
代化。日本大平首相同我谈话时，我说中国平均每人年收入达到
一千美元变成'小康之家'，这就是我们的目标。"①

　　由此可见，"小康"目标是"降低了标准"的"中国式的现代化"。

　　这个标准是否可行、能否按时实现，邓小平给予了极大关
注，并实地调研给予验证。

　　"小康"设想刚刚提出不久，1980 年六、七月，邓小平先后
到陕西、四川、湖北、河南等地参观考察。考察即将结束时，邓
小平在同河南省委领导同志谈话时说："这次出来到几个省看看，
最感兴趣的是两个问题，一个是如何实现农村奔小康，达到人均
1000 美元，一个是选拔青年干部。""对如何实现小康，我作了一
些调查，让江苏、广东、山东、湖北、东北三省等省份，一个省
一个省算账。我对这件事最感兴趣。八亿人口能够达到小康水
平，这就是一件很了不起的事情。"②

　　1981 年 4 月，在会见以古井喜实为团长的日中友好议员联盟
访华团时，邓小平又说："讲到中国式的现代化的概念，就是在
本世纪末，我们肯定不能达到日本、欧洲、美国和第三世界中有
些发达国家的水平。一九七九年我跟大平首相说到，在本世纪

---

　　① 《邓小平年谱（一九七五——一九九七）》上卷，中央文献出版社 2004 年版，第 631—632
页。
　　② 曹普：《"小康"构想与 1983 年邓小平苏杭之行》，人民网 2013 年 8 月 19 日。

末，我们只能达到一个小康社会，日子可以过。"①

根据邓小平的构想，1982 年中共十二大正式提出从 1981 年起到 20 世纪末在 20 年时间里实现全国工农业年总产值翻两番（由 1980 年的 7100 亿元增加到 2000 年的 28000 亿元左右）、达到"小康"水平的战略目标。

标准和目标已定，党内党外群情高涨。

翻两番，能否翻？奔小康，如何奔？这些问题成为全党和全国人民议论的热点。1982 年 10 月，邓小平同国家计委负责同志谈话时也指出："到本世纪末，二十年的奋斗目标定了，工农业总产值翻两番。靠不靠得住？十二大说靠得住。相信是靠得住的。但究竟靠不靠得住，还要看今后的工作。"②

1983 年 2 月 5 日，邓小平苏杭之行考察"小康"可行性时，对小康标准有了进一步的认识。

2 月 7 日，在听取苏州当地相关同志关于实行联产承包、发展社队工业、促进经济增长、改善人民生活等情况的汇报后，邓小平问："人均收入八百美元，达到这样的水平，社会上是一个什么面貌？发展前景是什么样子？"苏州的同志告诉他江苏经济发展给老百姓物质和文化生活所带来的巨大改变。

3 月初，在同胡耀邦等同志谈话时指出："从六个方面说明人均工农业总产值接近八百美元后的社会面貌和发展前景：第一，人民的吃穿用问题解决了，基本生活有了保障；第二，住房问题

①《邓小平年谱（一九七五—一九九七）》下卷，中央文献出版社 2004 年版，第 732 页。
②《邓小平年谱（一九七五—一九九七）》下卷，中央文献出版社 2004 年版，第 859 页。

解决了,人均达到 20 平方米,因为土地不足,向空中发展,小城镇和农村盖二三层楼房的已经不少;第三,就业问题解决了,城镇基本上没有待业劳动者了;第四,人不再外流了,农村的人总想往大城市跑的情况已经改变;第五,中小学教育普及了,教育、文化、体育和其他公共福利事业有能力自己安排了;第六,人们的精神面貌变化了,犯罪行为大大减少。"[1]

小康社会的这六条标准,既有经济、政治、文化、教育,还有就业、人的精神面貌等方面。较之"小康之家",这是一个更具体、更清晰、更全面、更强调协调发展的社会目标。

提出小康的具体标准,对中国发展的意义十分重大。

新中国刚成立时,百废待兴,人民生活非常贫困。对于大部分人来说,粗茶淡饭、营养不足、食不果腹是生活的常态。

到了 20 世纪 50 年代初,我国粮食短缺。中央政务院(1954 年以后改称"国务院")于 1953 年 10 月发布"全国实行粮食计划供应"命令,采取凭证定量售粮办法,粮票出现。同时,食用油、禽、蛋、肉、豆制品也实行限量供应。

居民饮食以青菜、萝卜、豆腐等素食为主,只有逢年过节才能吃上少量荤菜。

那时人民穿着也极为朴素。普通人多穿中山装、列宁装、学生装、青年装,绿军装也随处可见。绫罗绸缎、毛呢服装被视为"有钱人"才买得起的高档服装。蓝色是当时衣服的流行色。那时制衣所用布料大多是机器织的"咔叽布",布料需要布票购买,

---

① 《邓小平年谱(一九七五——一九九七)》下卷,中央文献出版社 2004 年版,第 892 页。

价格较贵。有的农村居民还用自家织的粗棉布制作衣服。因此，一件衣服要穿上八九年，"新三年，旧三年，缝缝补补又三年"现象并不鲜见。

那时房屋短缺，质量低劣，人们居住拥挤。城市多为"干打垒""筒子房"，没有卫生间、厨房，厕所公用。农村几乎是清一色的土坯房，有的房子四面透风，经常漏雨。

新中国成立初期，交通条件原始落后，人们出行不便，步行是最普遍的出行方式。黄包车、三轮车、自行车、老式汽车是城市里的主要交通工具。并且，普通中小城镇只有少量自行车和人力车，北京、上海、大连等极少数大城市才配备电车。在农村，北方常用的交通工具是马车、牛车和人力板车，南方则是航船、牛车和马车。

工资分配方面，新中国成立初期，党政群机关和军队工作人员实行供给制，国家配给伙食、服装，并发给职员少量津贴。对少数旧政府留用人员，实行工资制。为保证他们的实际工资收入不因物价上涨而降低，国家规定，以粮、棉、布、油、盐等生活必需品为计算工资的基础，推行实物工资。1956 年，全国实行工资改革，对国家机关、事业单位工作人员实行职务等级工资制，采取"一职数级，上下交叉"的形式来确定工资标准，分类制定行政、教育、文化、技术等不同系列的工资标准。

毋庸讳言，在当时人民普遍贫穷的状态下，我国农村地区更加贫困落后。邓小平同志在 1987 年 6 月同南斯拉夫客人会谈时曾指出："我们的改革和开放是从经济方面开始的，首先又是从农村开始的。因为农村人口占我国人口的百分之八十，农村不稳定，整个政治局势就不稳定，农民没有摆脱贫困，就是我国没有摆脱贫困。"①

邓小平同志的这段话，实事求是地指出了我们曾长期存在的贫困状态，特别是中国农民的艰苦生存状态。

这些基本国情，是我们当初提出小康标准的基本前提。

变化是事物发展的常态。随着客观形势和认识的发展变化，我们也在不断调整着小康的具体标准。

1991 年，为了进一步明确小康的标准和我国现阶段小康水平，国家统计与计划、财政、卫生、教育等 12 个部门的研究人员组成了课题组，按照党中央、国务院提出的小康社会的内涵确定了 16 个基本监测指标和小康临界值，即总体小康标准。

这 16 个总体小康标准为——

> 人均国内生产总值 2500 元（按 1980 年的价格和汇率计算，2500 元相当于 900 美元）；
>
> 城镇人均可支配收入 2400 元；
>
> 农民人均纯收入 1200 元；
>
> 城镇人均住房面积 12 平方米；
>
> 农村钢木结构住房人均使用面积 15 平方米；
>
> 人均蛋白质摄入量 75 克；
>
> 城市每人拥有铺路面积 8 平方米；
>
> 农村通公路行政村比重 85%；

———

① 《邓小平年谱（一九七五——一九九七）》下卷，中央文献出版社 2004 年版，第 1194 页。

　　恩格尔系数 50%；

　　成人识字率 85%；

　　人均预期寿命 70 岁；

　　婴儿死亡率 3.1%；

　　教育娱乐支出比重 11%；

　　电视机普及率 100%；

　　森林覆盖率 15%；

　　农村初级卫生保健基本合格县比重 100%。

　　后来，有些专家学者认为，小康是介于温饱和富裕之间的一个生活发展阶段。我们不仅要从生活水平的角度来理解，还应把小康社会作为一个更加具有理论内涵的新概念、一个体现经济和社会全面协调发展的新概念来认识。他们认为，小康的发展目标应完整包括人民生活目标、经济发展目标、政治发展目标和社会发展目标等方面的内容。所以，小康社会应该是一个经济发展、政治民主、文化繁荣、社会和谐、环境优美、生活殷实、人民安居乐业和综合国力强盛的经济、政治、文化全面协调发展的社会。对于这些理念，后来党的全国代表大会也进行了研究吸收，及时提出了不同阶段的小康社会的目标。

从"小康"到"三步走"

　　"小康"建设标准的提出及目标可行性确定后，邓小平开始将注意力更多地转移到"小康"目标实现之后中国的长远发展规划问题，并在这个过程中逐步提出了包括"小康"目标在内的

"三步走"、到21世纪中期"基本实现现代化"的中国长远发展战略构想。

1984年3月25日，邓小平在会见日本首相中曾根康弘时指出："翻两番，国民生产总值人均达到八百美元，就是到本世纪末在中国建立一个小康社会。这个小康社会，叫做中国式的现代化。翻两番，小康社会，中国式的现代化，这些都是我们的新概念。"①

1984年4月，在会见英国外交大臣杰弗里·豪时，邓小平第一次对"小康"之后的发展目标作了设想。他说，与我们的大目标相比，这几年的发展仅仅是开始。"我们的第一个目标就是到本世纪末达到小康水平，第二个目标就是要在三十年至五十年内达到或接近发达国家的水平。"② 这是关于"两步走"的最初表述——20世纪最后十几年是"一步"，21世纪前三十年或五十年又是"一步"。

从这时起到1987年4月，邓小平又多次谈到这个"两步走"战略构想。

1984年6月，在会见圭亚那总统林登·伯纳姆时，邓小平介绍了中国的变化和经济发展情况。他说："中国真正变化比较大的是这五年半。十一届三中全会以来，我们确定了一心一意搞四化建设的方针，确定了到本世纪末达到小康社会的战略目标。政治生活安定团结，经济方面稳步发展。看来这个势头可以保持下

① 《邓小平年谱（一九七五——一九九七）》下卷，中央文献出版社2004年版，第968页。
② 《邓小平年谱（一九七五——一九九七）》下卷，中央文献出版社2004年版，第970页。

去，我们的目标可以实现。以本世纪末为起点，我们再好好干三十年至五十年，中国就可以接近发达国家的水平。"①

次年 10 月，邓小平会见德意志联邦共和国副总理兼外交部部长汉斯-迪特里希·根舍时谈到了对社会主义和共产主义的认识："从赫鲁晓夫起，苏联一直在说大话。其中赫鲁晓夫说得最大。他说一九八〇年建成共产主义。一九八〇年已经过去了，就算是一九九〇年，也还只剩下五年。他的大话吹破了。不过赫鲁晓夫的大话有他的根据，就是他对共产主义的理解。你也许还记得，赫鲁晓夫给共产主义下了个定义，就是'土豆烧牛肉'。那样的'共产主义'，欧洲不少国家恐怕在一百年前就实现了。中国的目标是在本世纪末达到小康水平。我们不讲大话，讲大话没有用。中国底子薄。根据中国的实际情况，一九七九年底我们考虑花二十年时间达到小康水平。那时中国将拥有十二亿人口，人均国民生产总值八百美元，将有一个中等的变化。我们设想，在本世纪末小康水平的基础上，再花三十年至五十年时间，接近发达国家的水平。这就是我们的目标。现在看来，本世纪这个目标肯定能实现，还会超过一点。"②

1986 年 6 月，邓小平在同马里总统穆萨·特拉奥雷谈话时说："到本世纪末，我们的目标是人均国民生产总值达到八百美元至一千美元，实现小康社会。不富，但日子好过。更重要的是奠定一个很好的前进的基础。下一个世纪再花三十年至五十年的

---

① 《邓小平年谱（一九七五——一九九七）》下卷，中央文献出版社 2004 年版，第 980 页。
② 《邓小平年谱（一九七五——一九九七）》下卷，中央文献出版社 2004 年版，第 1092－1093 页。

时间，就可以接近发达国家的水平。"①

在这次会见中的最后，邓小平表示："实现中等发达国家水平的中国，仍不忘帮助穷朋友。这才能真正体现出中国是在搞社会主义。"此后，邓小平一直沿用"中等发达国家水平"的表述，以更符合实际和可能。

1987年4月30日，邓小平在会见西班牙客人时明确提出了"三步走"的战略构思："第一步在八十年代翻一番。以一九八〇年为基数，当时国民生产总值人均只有二百五十美元，翻一番，达到五百美元，解决人民的温饱问题；第二步是到本世纪末，再翻一番，人均达到一千美元。实现这个目标意味着我们进入小康社会，把贫困的中国变成小康的中国。那时国民生产总值超过一万亿美元。我们制定的目标更重要的还是第三步，在下世纪用三十到五十年再翻两番，大体上达到人均四千美元。做到这一步，中国就达到中等发达的水平。这是我们的雄心壮志。目标不高，但做起来可不容易。"②

把20世纪最后二十年的"一步"改作"两步"，再加上21世纪前五十年的"一步"，这样就从战略上对中国现代化建设作出了分"三步走"的规划和部署。

接着，在中共十三大召开前夕的1987年8月29日，邓小平在会见意大利共产党领导人时第一次系统、明确地阐述了中国现代化的目标和步骤："我国经济发展分三步走，本世纪走两

---

① 《邓小平年谱（一九七五——一九九七）》下卷，中央文献出版社2004年版，第1124—1125页。
② 《邓小平文选》第三卷，人民出版社1994年版，第226页。

步，达到温饱和小康，下个世纪用三十到五十年时间再走一步，达到中等发达国家水平。这就是我们的战略目标，这就是我们的雄心壮志。"[①]

为什么说这是"雄心壮志"？

至少有三个理由。一个理由是，我们的起点很低、基础很薄。1979 年中国的人均国民生产总值才 250 美元，要达到人均 4000 美元的中等发达国家的水平，距离何其遥远。第二个理由是，我们的包袱很重。人口太多的包袱、资源短缺的包袱、旧体制束缚的包袱等，要在克服重重压力的条件下前行，每一步都不是那么容易。第三个理由是，我们要证明社会主义的优越性。中国达到人均 4000 美元，经济总量就居于世界前列。我们在坚持社会主义制度的前提下走到世界前列，不但是给占世界总人口四分之三的第三世界走出了一条路，更重要的是向人类表明，社会主义是必由之路，社会主义优于资本主义。

邓小平同志的这个战略构想为中共十三大采纳。党的十三大报告提出："我国经济建设的战略部署大体分三步走。第一步，实现国民生产总值比一九八〇年翻一番，解决人民的温饱问题。第二步，到本世纪末，使国民生产总值再增长一倍，人民生活达到小康水平。第三步，到下个世纪中叶，人均国民生产总值达到中等发达国家水平，人民生活比较富裕，基本实现现代化。"

分"三步走"把中国建设成为一个具有中等发达国家水平的现代化国家，这是邓小平在领导中国改革开放过程中，从实际出

[①]《邓小平文选》第三卷，人民出版社 1994 年版，第 251 页。

发，为中国经济发展绘制的一幅宏伟蓝图。实践证明，这个战略构想是可行的。

这样，从新中国成立算起，到 21 世纪中叶实现现代化，一个百年奋斗的宏伟蓝图，开始清晰地展现在中国人民的面前。从此，中国共产党带领中国人民心无旁骛、矢志不渝地朝着这个蓝图目标奋勇前进了。

第三章

大潮流：弄潮东风吹来的澎湃
（1981—2002 年）

历史车轮滚滚向前，时代潮流奔腾不息。

20世纪80年代初期，美苏争霸转入僵持状态，对外开放密切了中国与世界的联系，各国经济相互依存明显加深。20世纪80年代中期，缓和与合作成为国际社会的主流，美苏关系明显趋于缓和，世界格局多极化趋势更加明朗，经济因素在国际关系中的作用明显上升。20世纪80年代末和90年代初，随着苏东剧变乃至苏联解体这一系列重大历史事件的发生，和平与发展逐渐成为时代的主题。"冷战"结束后，和平与发展虽然是世界的主题，但都没有得到完全实现；世界格局多极化趋势有新发展，但存在着严重的力量失衡现象；世界经济全球化趋势不可逆转，天下依然很不太平。

乱云飞渡仍从容。在复杂的国际形势下，党中央顺应时代发展潮流，团结和带领全国各族人民，牢牢把握社会主义初级阶段基本国情，坚持四项基本原则，坚持改革开放，沉着应对一系列风险挑战，提出制定了一系列具有现实和长远意义的政策和制度，开辟了建设中国特色社会主义的伟大航程。

潮起东方万象新。在党的正确路线的指引下，改革的大潮从农村涌起，很快发展到城市，并且从经济体制迅速扩展到科技体制、教育体制以至政治体制，成为囊括当代中国全部社会生活的全面改革。2002年，中国共产党第十六次全国代表大会郑重作出了"人民生活总体上达到小康水平"的判断，向祖国和人民献上了一份厚重的世纪之礼。

一、温饱，一个曾经遥不可及的企盼

（1981—1987 年）

温饱，顾名思义，就是人民吃得饱、穿得暖。温饱本应是人的基本生存和发展权利，却因为几千年来生产力的低下和生产关系的滞后甚至反动，成为中国人民可望而不可即的奢求。

我们党坚持从基本国情出发，将温饱确定为我国人民生活水平应达到的阶段性目标之一——"三步走"中的第一步：实现"温饱"。

根据邓小平同志的构想，1982 年党的十二大正式提出，从1981 年起到 20 世纪末，在 20 年时间里实现全国工农业年总产值翻两番（由 1980 年的 7100 亿元增加到 2000 年的 28000 亿元左右），达到"小康"水平。

在邓小平建设有中国特色社会主义理论指导下，我们党和人民锐意改革，努力奋斗，整个国家焕发出了勃勃生机，中华大地发生了历史性的伟大变化。社会生产力获得新的解放。安定团结的政治局面不断巩固。我国经济建设上了一个大台阶，人民生活上了一个大台阶，综合国力上了一个大台阶。

1987 年，党的十三大报告指出："党的十一届三中全会以后，我国经济建设的战略部署大体分三步走。第一步，实现国民生产总值比一九八〇年翻一番，解决人民的温饱问题。这个任务已经基本实现。"事实上，从 1981 年到 1987 年，我国国民生产总值翻了一番，长期困扰相当一部分农村人口的温饱问题基本解决，党的十二大提出的我国经济发展的第一步战略目标提前实现。

白居易在《贺雨》一诗中说："顺人人心悦，先天天意从。"我国的小康进程之所以发展得这样快、这样好，是因为它的提出符合中国的实际，顺应时代之潮流，合乎人民的需要。历史也充分证明，改革是解决人民温饱问题、达致小康的唯一出路，是人心所向，大势所趋，不可逆转。

九年一弹指：提前解决温饱问题

从党的十一届三中全会经过党的十二大、十三大，不过九年时间。九年，在人类历史上只是短短的一瞬，可是在中华大地上却发生了深刻的变化。这九年，在新中国成立以来社会主义建设取得巨大成就的基础上，开辟了党的历史发展的新阶段，国家面貌发生了深刻的变化。

我们紧紧把握住经济建设这个中心，使国民经济持续稳定增长。1986 年同 1978 年相比，我国国民生产总值、工农业总产值、国家财政收入和城乡居民平均收入水平都大体上翻了一番。有关数据显示，1987 年，我国全年国内生产总值 11962.5 亿元，比上年增长 11.6%，其中，第一产业增长 4.7%，第二产业增长 13.7%，第三产业增长 14.4%。全社会固定资产投资 3791.2 亿元，其中国有单位完成基本建设投资 1343.10 亿元。全国财政收入 2199.35 亿元，比上年增长 3.6%；财政支出 2262.18 亿元，比上年增长 2.6%。全年社会商品零售总额 5820 亿元，商品零售价格指数比上年增长 7.3%。全国进出口贸易总额 3084.2 亿元，其中出口 1470 亿元，进口 1614.2 亿元，入超 144.2 亿元。城镇居民家庭人均可支配收入 1002.20 元，农村居民家庭人均纯收入

462.55元。^①这样，十亿人口的绝大多数过上了温饱生活。部分地区开始向小康生活前进。还有部分地区，温饱问题尚未完全解决，但也有了改善。

而随着生产的发展，长期困扰我们的一些严重社会经济问题开始得到解决，或者找到了解决的途径。如，城乡广开就业门路，城市新就业的劳动力达到七千万人；农村中乡镇企业异军突起，有八千万农民转入或部分转入了非农产业；市场供应大为改观，基本扭转了过去那种消费品长期严重匮乏的局面；国民经济重大比例严重失调的状况显著改变，逐步转入大体协调发展的轨道；等等。

这一时期，为了保证经济建设和改革开放的顺利进行，确保解决温饱问题始终沿着社会主义方向胜利前进，我们党领导人民在政治、思想、文化、国防、外交等领域，进行了大量工作，取得了显著成效。

（一）安定团结的政治局面得到巩固和发展。这是在坚持四项基本原则和推进建设与改革的基础上，妥善处理各种社会矛盾，及时排除各种"左"的和右的干扰的结果。社会治安明显好转。反对资产阶级自由化斗争的健康发展，提高了人们的觉悟，进一步积累了不搞政治运动而靠正面教育和正确批评来反对错误思想的经验。在全面改革的深刻变革中，保持安定团结是非常必要的，也是很不容易的。

（二）社会主义民主和法制建设逐步发展。以宪法为基础的社会主义法律体系初步形成。人民政治生活日趋活跃。爱国统一

① 李佐军、田慧敏：《一次西部改革与发展问题的大讨论——〈中国改革开放和伟大复兴史论：政府与市场视角〉系列109（1987年12月）》，中国智库网2018年7月18日。

战线空前扩大。共产党领导下的多党合作和协商制度发挥了积极作用。各民族的兄弟团结更加巩固。

（三）社会主义精神文明建设有重要进展。理想教育、道德教育和法制教育，在全社会范围内广泛展开。教育、科学、文化、艺术、新闻、出版、卫生、体育事业欣欣向荣。九年制义务教育逐步实施。

（四）国防和外交工作取得新进展。在这一时期，按照"一国两制"的原则，中英、中葡已就解决香港和澳门问题达成协议。这充分说明，按照"一国两制"实现国家统一的构想和实践，是中华民族政治智慧的伟大创造。

全国各族人民从自己的亲身经历中深深体会到温饱问题的解决所带来的深刻变化。一切关心祖国命运的中华儿女，都为我国的这一历史性变化感到自豪。国外人士也纷纷赞扬我国所取得的民生成就。

问渠哪得清如许？为有源头活水来。提前解决温饱问题，充分证明党的十一届三中全会以来的路线是一条正确的马克思主义路线。这条路线是党和人民智慧的结晶，是党中央集体智慧的结晶。

温饱问题的解决，离不开党的改革开放政策。

我国的改革开放事业从党的十一届三中全会起步，党的十二大以后全面展开。它经历了从农村改革到城市改革，从经济体制的改革到各方面体制的改革，从对内搞活到对外开放的波澜壮阔的历史进程。改革开放，是我们提前解决温饱问题的有力抓手，也是新时期国家发展的最鲜明特征。

改革和开放，冲破了僵化的经济体制，使经济活跃起来。沿海地区，从南到北，形成了广阔的前沿开放地带。依靠广大群众积极性的发挥，生产力获得了新的解放。

改革和开放，也使民族精神获得了新的解放。长期窒息人们思想的许多旧观念，受到了很大冲击。积极变革，勇于开拓，讲求实效，开始形成潮流。

家庭联产承包：中国农民的一个伟大创造

改革从农村开始，这是符合中国国情的战略决策。

毋庸讳言，我们在社会主义建设进程中，也曾经历过曲折。人民公社的推行，不利于调动农民的积极性，也严重影响了人民温饱问题的解决。

穷则思变，亿万农民的心底涌动着变革的要求。而革命性的时刻，率先发生在安徽省凤阳县凤梨公社一个名叫"小岗村"的小村子。

1978 年，小岗村大旱。被饥饿阴影笼罩着的小岗人为了吃饱肚子终于产生了变革的念头。

这一年的 11 月 24 日晚上，小岗村西头严立华家低矮残破的茅屋里挤进了 18 位农民。

关系全村命运的一次秘密会议正在这里召开。这次会议的直接成果是诞生了一份不到百字的包干保证书。

其中最主要的内容有三条：

一是分田到户；

二是不再伸手向国家要钱要粮；

三是如果干部坐牢，社员保证把他们的小孩养活到 18 岁。

在会上，队长严俊昌特别强调："我们分田到户，瞒上不瞒下，不准向任何人透露。"

1978年，这个举动是冒天下之大不韪之举，也是一个勇敢的甚至是伟大的壮举。

尽管这样的行为在当时很可能被定罪坐牢，但穷怕了的小岗村农民已经顾不了太多，在一张皱巴巴的字据上，18位农民[1]按下了充满悲壮意味的鲜红手印。

由于当时气氛紧张，这份具有历史意义的"生死契约"写得歪歪扭扭，而且还有错别字。

毫不夸张地说，小岗村的这一"按"成了中国农村改革的第一份宣言，开创了家庭联产承包责任制的先河，揭开了中国农村改革的序幕。

小岗村分田到户（"大包干"）的成效立竿见影。第一年，小岗村粮食总产达13.3万斤，相当于1966年到1970年粮食产量总和。全队农副业总收入47000多元，平均每人400多元，是上一年的18倍。[2]

变化是喜人的，也是令人不安的——分田、包产到户这件事，有着极大的争议，国家会怎么看？小岗村18位按手印的农民在忐忑地等待着……

纸包不住火。"秘密"很快被公社得知。小岗村的牛草贷款、粮种贷款全部被扣下来，不给了，粮农贷款也不给了。

1979年初，安徽召开省委工作会议，研究如何使已见成效的

---

① 这18人被称为"大包干"带头人，他们是：关延珠、严立富、严立华、严立坤、严金昌、严家芝、严学昌、严立学、严俊昌、严美昌、严宏昌、严付昌、严家琪、严国品、关友生、关友章、关友江、韩国云。

② 曹普：《"小康"构想与1983年邓小平苏杭之行》，人民网2013年8月19日。

改革得到巩固，继续发展。就在这个会上，凤阳县委书记、严格为小岗保密的陈庭元，第一次向省委坦白交代小岗村包产到户的秘密，把一份书面材料交给了时任安徽省委第一书记万里。

报告很长，万里一口气读完了。

在万里的支持下，小岗村的经验在安徽全省推广。"要吃米，找万里"成为了当时一句流行的民谣。

实行家庭联产承包，是中国农民的伟大创造。

那么，什么是家庭联产承包责任制？

家庭联产承包责任制是农民以家庭为单位，向集体经济组织（主要是村、组）承包土地等生产资料和生产任务的农业生产责任制形式。它是指：在农业生产中，农户作为一个相对独立的经济实体承包经营集体的土地和其他大型生产资料（一般做法是将土地等按人口或人劳比例分到农户经营），并按照合同规定自主地进行生产和经营；其经营收入除按合同规定上缴一小部分给集体及缴纳国家税金外，全部归于农户；集体作为发包方除进行必要的协调管理和经营某些工副业外，主要是为农户提供生产服务。

尊重群众愿望和首创精神，是我们党一贯的优良作风。1979年9月，中共十一届四中全会修改并正式通过了《中共中央关于加快农业发展若干问题的决定（草案）》，将草案中"不许包产到户，不许分田单干"，改为"不许分田单干"，初步肯定或默认了"包产到户"的办法。

邓小平对于群众的创造大力支持，这是他的伟大之处，也是他务实的一贯原则。1980年争论最激烈的时候，邓小平在4月和5月发表了两次讲话，肯定了家庭承包。

1980 年 5 月 31 日，邓小平同中央负责人就农村问题发表了重要谈话，他说："农村政策放宽以后，一些适宜搞包产到户的地方搞了包产到户，效果很好，变化很快。安徽肥西县绝大多数生产队搞了包产到户，增产幅度很大。'凤阳花鼓'中唱的那个凤阳县，绝大多数生产队搞了大包干，也是一年翻身，改变面貌。有的同志担心，这样搞会不会影响集体经济。我看这种担心是不必要的。"①

1980 年 9 月，中央发出《关于进一步加强和完善农业生产责任制的几个问题》，对包产到户的做法作了基本的肯定。此后，包产到户、包干到户迅速发展。

人民是历史的创造者，是真正的英雄。小岗村从此闻名全国，由普普通通的小村庄一跃而成为中国农村改革第一村。小岗人成为全国农村改革的典范。

1981 年 10 月，全国农村基本核算单位中，建立各种形式生产责任制的已占 97.8%，其中包产到户、包干到户的占到 50%。② 1982 年 1 月，中共中央批转的《全国农村工作会议纪要》，即 1982 年中央 1 号文件，第一次明确地肯定了包产到户、包干到户都是"社会主义集体经济的生产责任制。不论采取什么形式，只要群众不要求改变，就不要变动"。会后，中央印发了《关于进一步加强和完善农业生产责任制的几个问题的通知》。

就这样，在党中央的支持下，家庭联产承包制在全国迅速推广，农村改革的星火迅速从小岗村燃遍中国大地。

---

① 《邓小平文选》第二卷，人民出版社 1994 年版，第 315 页。
② 姜爱林：《改革开放以来中国土地政策的发展变迁（1978—2002）》，《绥化师专学报》2004 年 3 月，第 24 卷。

废除人民公社，又不走土地私有化道路，而是实行家庭联产承包为主，统分结合、双层经营，解决了我国社会主义农村体制的重大问题。这样，当时的八亿农民就获得对土地的经营自主权，加上基本取消农产品的统购派购，放开大部分农产品价格，从而使农业生产摆脱了长期停滞的困境，农村经济向着专业化、商品化、社会化迅速发展，广大城乡人民得到显著实惠，带动了整个改革和建设事业。

同时，家庭联产承包让农民从土地的束缚中解放出来，大量闲散人口开始脱离土地，很自然地进入工业制造领域谋生。这群人的出现，直接诱发了乡镇企业的"异军突起"。

因此，从某种意义上说，中国乡镇企业甚至民营企业的勃然生长，从逻辑根源上，也可以追寻到小岗村那个冬天的夜晚。

乡镇企业异军突起：中国农民的又一伟大创造

1979 年末，一首温情甜美的《乡恋》出现在中国的歌坛。它像一股清新的风吹荡着人们束缚已久的心扉。

从土地的束缚中解放出来的部分农民，创办或投身于乡镇企业这个新生事物。

在位于江苏省南部的江阴市华士镇华西村，时任党委书记的吴仁宝[①]带领村民办起小五金厂，把村里大部分劳动力转向工厂。

世世代代拿镰刀的农民的手，开始操作起了机床。

在他们的辛勤劳作下，华西村旗下华西集团 1996 年被农业

---

① 吴仁宝（1928 年 11 月—2013 年 3 月），当代中国农村干部的杰出代表。出生于江苏省江阴县华墅乡吴家基（今江阴市华士镇华西村），1951 年加入新民主主义青年团，1954 年 10 月加入中国共产党。高级政工师、高级经济师，农民企业家、农民教育家，曾任华西集团（公司）董事长，全国人大代表。

部评定为全国大型一档乡镇企业，华西获得了"全国乡镇企业先进企业""全国文明村镇""全国文化典范村示范点""全国乡镇企业思想政治工作先进单位"等荣誉称号，并被誉为"天下第一村"。截至2012年，华西村总收入524.5亿。

榜样的力量是无穷的。华西村的成功，离不开优秀共产党员吴仁宝的带领。

从1964年开始，吴仁宝就带领华西人苦干了8年，把原来1300多块高高低低的零星田地，改造成400多块能排能灌的高产稳产大田，赢得了人变、地变、产量变。到了1976年，当时的华西大队工副业达28.2万元，已占全年总收入的54.4%，集体积累（合资产）已经有60万元，"做煞大队"① 变成远近闻名的幸福村。1979年9月，华西大队首次受到国务院嘉奖。

1979年，正是全国推行家庭联产承包责任制的时候，吴仁宝却提出了一个调整产业结构的方案：全村500多亩粮田由30多名种田能手集体承包，绝大多数劳动力转移到工业上去。

后来，在吴仁宝的安排下，一些村民们外出学手艺，回村后陆续办了锻造厂、带钢厂、铝材厂、铜厂等。在那段时间，华西人陆续办起了以冶金、纺织和有色金属为主的40多个企业，全村95%以上的劳动力投入到了工业生产。1980年，华西的工农业总产值突破1亿元，成为江苏省第一个"亿元村"。

其时，华西村这样的乡镇企业已像雨后春笋，勃然兴起于中华大地了。

那么，到底什么是乡镇企业呢？

---

① "做煞大队"，是当地方言，意为干活干得太苦。

乡镇企业是指以农村集体经济组织或者农民投资为主，在乡镇（包括所辖村）举办的承担支援农业义务的各类企业，是中国乡镇地区多形式、多层次、多门类、多渠道的合作企业和个体企业的统称。乡镇企业行业门类很多，包括农业、工业、交通运输业、建筑业以及商业、饮食、服务、修理等企业。

从这个定义可以看出，乡镇企业可以表现为集体所有制的形式，也可以表现为民营私有制形式。

从某种意义上说，乡镇企业的异军突起，其实就是对曾经保守单一的经济结构的一种突破。

但不管是何种所有制形式，作为独立自主的经济实体，乡镇企业确实率先冲破"一大二公"①、城乡二元格局和计划经济体制束缚，加入我国工业化、信息化、城镇化和农业农村现代化进程之中，体现了鲜明的特征——

产供销活动主要靠市场调节；

大都实行亦工亦农的劳动制度和灵活多样的分配制度；

与周围农村联系密切，便于利用本地各种资源；

分布点多、面广，便于直接为各类消费者服务；

经营范围广泛，几乎涉及各行各业；

规模较小，能比较灵活地适应市场需求的不断变化；

在现阶段大多是劳动密集型的经济组织，技术设备比较简陋，能容纳大量农村剩余劳动力；

…………

---

① "一大二公"是指在社会主义建设总路线的指导下，于1958年在"大跃进"运动进行到高潮时，开展的人民公社化运动两个特点的简称。具体是指：第一，人民公社规模大；第二，人民公社公有化程度高。

这些特点使得乡镇企业具有极大的适应性和顽强的生命力，对充分利用乡村地区的自然及社会经济资源、向生产的深度和广度进军，对吸收数量众多的乡村剩余劳动力，促进乡村经济繁荣、农民致富和人们物质文化生活水平的提高，改变单一的产业结构，以及改善工业布局、逐步缩小城乡差别和工农差别，建立新型的城乡关系，促进工业和整个经济的改革和发展，具有重要意义。

"想尽千方百计，说尽千言万语，受尽千辛万苦，走尽千山万水。"在付出了无数努力后，乡镇企业的快速发展成为中国农民小康致富路上一道靓丽的风景线。20 世纪 80 年代以来，中国乡镇企业一度曾在国民经济中"三分天下"、工业经济"半壁江山"、财政贡献"五居其一"，为农村经济和县域经济积累了"第一桶金"，为我国经济社会发展做出了不可磨灭的历史性贡献。

面对乡镇企业取得的巨大成就，邓小平同志在 1987 年 6 月同南斯拉夫客人会谈时高兴地指出："农村改革中，我们完全没有预料到的最大的收获，就是乡镇企业发展起来了，突然冒出搞多种行业，搞商品经济，搞各种小型企业，异军突起。这不是我们中央的功绩。乡镇企业每年都是百分之二十几的增长率，持续了几年，一直到现在还是这样。乡镇企业的发展，主要是工业，还包括其他行业，解决了占农村剩余劳动力百分之五十的人的出路问题。农民不往城市跑，而是建设大批小型新型乡镇。如果说在这个问题上中央有点功绩的话，就是中央制定的搞活政策是对头的。这个政策取得了这样好的效果，使我们知道我们做了一件非常好的事情。这是我个人没有预料到的，许多同志也没有预料到，是突然冒出这样一个效果。"①

邓小平同志的这段话，是对我国乡镇企业所取得的历史性成就的最精辟的概括和褒奖！

但乡镇企业的出现及发展，也让许多不了解中国国情的外国朋友迷惑不解。他们不禁好奇：

"这些人是从哪里来的？"

"他们昨天还在种地，今天就开始办工厂了，他们的设备从哪里来的？"

"他们的技术从哪里来的？"

"他们的产品销往哪里去？他们本人的管理知识、企业家精神是谁培养出来的？"

…………

著名乡镇企业家鲁冠球的创业经历，可以从一些侧面解答这些困惑。

鲁冠球，1944年12月出生，浙江杭州人，中共党员，是万向集团公司董事局原主席。

鲁冠球始终听党话、跟党走，坚持把党的方针政策落实到企业经营发展之中。在他的带领下，万向集团从一个小作坊发展成为第一个进入美国市场的中国汽车零部件制造企业，并开创了乡镇企业收购海外上市公司的先河。

鲁冠球从小立志摆脱贫困命运。他从20世纪60年代开始创业，办过粮食加工厂、修车铺等，曾被当作"资本主义尾巴"，但他百折不挠，始终不肯向命运低头。1969年，国家政策松动，

---

① 《邓小平文选》第三卷，人民出版社1994年版，第238页。

为服务农村，万向正式创立。

党的十一届三中全会后，改革号角吹响。

1983 年，很多人对改革还处在观望状态，鲁冠球主动提出与乡政府签订厂长个人风险承包合同，开创三项先例：其一，自我加压，承包利润指标翻一番；其二，以个人两万多元家产作抵押，现场公证；其三，厂长获得经营自主权。当时社会对"风险"二字普遍陌生，他以开拓者的胆识开了浙江企业承包改革的先河，这份合同成为后来企业承包经营的范本，影响全国。

承包以后，他首创了兼顾国家、企业、员工三者利益的"联利计酬浮动工资制"，按照贡献、效率进行分配，员工积极性空前高涨，企业效益大增。

时间的指针滑向 1984 年。这一年是乡镇企业发展的转折点。1984 年中央 4 号文件将社队企业正式改称为乡镇企业，对家庭办和联户办企业及时给予了充分的肯定。之后，国家对乡镇企业采取了更加积极扶持的政策，企业在组织生产、产品销售等方面获得了较大的自主权，乡镇企业进入了第一个全面发展的高峰期。1986 年、1987 年仅用两年的时间，就超额完成了"七五"计划的产值目标。到 1988 年企业个数达 1888 万个，从业人数达 9546 万人，总收入达 4232 亿元，四年间乡镇企业数平均每年增长 52.8%，从业人数平均每年增长 20.8%，总收入平均每年增长 58.4%。[①]

1988 年，鲁冠球的万向与当地政府划清了产权关系。通过改革创新，万向发展了生产力，提高了劳动生产率，创造了原材料

---

① 《新中国 50 年系列分析报告之六：乡镇企业异军突起》，国家统计局网站 1999 年 9 月 18 日。

持续涨价而产品价格不变的"万向节现象"。以 1984 年万向节首次出口美国为标志，中国乡镇企业逐步实现了产品"走出去"、人员"走出去"和企业"走出去"。

1990 年，鲁冠球组建万向集团公司。

1991 年，来自中国的乡镇企业家鲁冠球作为封面人物刊登在美国的《新闻周刊》上。

1992 年，鲁冠球实施组织机构改革，万向管理模式实现了从"总厂式"到"集团化"的转变，完成了公司制改造，形成了"人人头上一方天，个个争当一把手"。

邓小平同志南方谈话之后，鲁冠球加快推行股份制改革。1994 年 1 月 10 日，万向钱潮股票在深圳上市。这是国内 A 股乡镇企业异地上市第一家，开启了现代企业制度建设新阶段。

芝麻开花节节高。跨入 21 世纪后，万向调整产业结构，投资电池、电动汽车等，发展清洁能源。首款新能源车卡玛于 2017 年 5 月下线交付客户，在美国面向全球销售，是目前为止唯一中国企业开发制造的符合美国上路标准并在美国上市的汽车产品，鲁冠球成为中美经贸合作的先行者、推动者。

习近平总书记在在庆祝改革开放 40 周年大会上的讲话中指出："改革开放是我们党的一次伟大觉醒，正是这个伟大觉醒孕育了我们党从理论到实践的伟大创造。"乡镇企业"异军突起"，可以说是中国农民的一次伟大觉醒。

鲁冠球一直走在农民觉醒队伍的前列。

作为一名中国共产党党员，鲁冠球先富不忘帮后富。

鲁冠球说，万向创立之前，让家人过上好日子，是他的动力；万向创立之后，带领更多人过上好日子，是他的责任；加入党组织后，共同富裕成了他毕生的信念。

他对员工强调，我们是党中央"允许一部分人先富起来"的受益者，作为共产党员，我们不能忘记共同富裕的使命。

在他的带领下，20 世纪 70 年代，万向每天创利一万元；20 世纪 80 年代，每天创利 10 万元；20 世纪 90 年代，每天创利 100 万元；2009 年，每天创利 1000 万元。

2017 年，鲁冠球逝世。第二年，按照他的遗愿，万向设立"鲁冠球三农扶志基金"，将"三农"产业收益捐赠给社会，为农民致富做实事，为农业现代化做新事，为农村发展做有意义的事。

经济体制改革：观念突破

经济领域的改革稳步推进，并取得了巨大的成就。这就更加要求我们从理论上进行新的突破，以开启改革新的征程。

1984 年 10 月 20 日，中国共产党十二届三中全会在北京举行。会议一致通过《中共中央关于经济体制改革的决定》。这一决定指出："改革计划体制，首先要突破把计划经济同商品经济对立起来的传统观念，明确认识社会主义计划经济必须自觉依据和运用价值规律，是在公有制基础上的有计划的商品经济。"这就明确规定了国家经济的性质，也指明了当时我国经济体制改革的方向。

这个重大理论创新，突破了把计划经济同商品经济对立起来的传统观念，实现了对市场作用认识的又一次飞跃，为进一步推进市场化改革奠定了理论基础，为后来社会主义市场经济理论的提出作了铺垫，形成了一种大多数人都能接受的改革思路，是对马克思主义政治经济学的新发展，为全面经济体制改革提供了新的理论指导。

对于这个文件，邓小平这样评价："这次经济体制改革的文件好，就是解释了什么是社会主义，有些是我们老祖宗没有说过的话，有些新话。我看讲清楚了。过去我们不可能写出这样的文件，没有前几年的实践不可能写出这样的文件。"①

众所周知，新中国成立以来，我们曾长期实行单一的计划经济。这种经济模式有助于在短期内医治旧中国遗留下来的经济恶性波动，以顺利地渡过经济困难时期。同时，在经济发展水平低，建设资金严重短缺，国力有限的条件下，运用这种行政集权的计划经济体制，保证把有限的资源集中到重点建设上，奠定了国民经济良性循环的物质基础。

但随着社会主义建设事业的深入，随着客观条件的变化，计划经济管得太多、统得太死等弊端日益显露，越来越不适应现代化建设的要求，改革之势如箭在弦。

事实上，早在 1962 年，广东社科院原副院长、经济学家卓炯便提出我国应建立"有计划的商品经济"，他预言"商品经济必将万古长青。"

1980 年，我国著名经济学家薛暮桥同志明确提出，我国现阶段的社会主义经济，是生产资料公有制占优势，多种经济成分并存的商品经济。但一直到 1981 年底，商品经济仍然是个充满政治忌讳的话题。

不打破认识的壁垒，改革就不可能取得新的突破，构建小康

---

① 《邓小平文选》第三卷，人民出版社 1994 年版，第 91 页。

社会的理想也将成为空想。

随着经济体制改革的不断实践，我们逐渐认识到，社会主义经济在经济体制层面上不应该是单一的计划经济，建设社会主义经济必须自觉遵守和依据价值规律，运用价值规律。

可以说，《中共中央关于经济体制改革的决定》的理论创新，顺乎势而应乎人。

"潮平两岸阔，风正一帆悬。"

在有计划的商品经济理论指引下，很快，我国改革的中心从农村转到城市和企业，实施全方位的改革措施和开放政策，以城市为中心，促进整个经济体制改革的前进方向，让城市成为改革的先行者、领头雁和排头兵，使之顺应中国当时经济形势发展的新要求，促进了国家生产力的大发展和大繁荣。

同时，在这一理论的指引下，改革的方向也开始明确指向建立具有中国特色的、充满生机和活力的社会主义经济体制，为以后的改革提供了有益的启示。

此外，《中共中央关于经济体制改革的决定》还指明国有企业的所有权和经营权相分离的改革思路；提出企业应有的多项自主权，让企业真正成为相对独立的经济实体，能够自主经营、自负盈亏，成为具有一定权利和义务的法人。同时，这个决定还提出了价格体系和分配制度的改革，指出，价格体系的改革是整个经济体制改革成败的关键。应建立合理的价格体系，充分重视经济杠杆的作用；建立多种形式的经济责任制，认真贯彻按劳分配原则。应使企业职工的工资、奖金同企业的经济效益更好地挂钩，企业内部的工资制度应充分体现差别。

总之，《中共中央关于经济体制改革的决定》明确了改革的基本目标和各项要求，是指导中国经济体制改革的纲领性文件。

1986 年 12 月 5 日，国务院作出《关于深化企业改革增强企业活力的若干规定》。这个规定提出，全民所有制小型企业可积极试行租赁、承包经营。全民所有制大中型企业要实行多种形式的经营责任制。各地可以选择少数有条件的全民所有制大中型企业进行股份制试点。这个规定的出台是推动城市经济体制改革的重大步骤，对于进一步简政放权、改善企业外部条件、扩大企业经营自主权、促进企业内部机制改革，具有重要意义。

同时，我国的科技体制和教育体制也相应进行改革，并进一步提出政治体制改革的目标和任务。

可以说，从其时起，改革在神州大地开始呈现百舸争流、全面开花之势。

民营经济：一遇雨露就发芽

有计划的商品经济理论，直接促使我国民营经济实现了更大发展。

民营经济，是指除了国有和国有控股企业、外商和港澳台商独资及其控股企业以外的多种所有制经济的统称，包括国有民营经济、个体经济、私营经济、混合所有民营经济、民营科技企业、农民专业合作社等类型。民营经济是具有中国特色的一种经济概念和经济形式。

中国的民营经济其实发端于个体经济。

个体经济，指在劳动者个人占有生产资料的基础上，从事个体劳动和个体经营的私有制经济。

个体经济有两个明显的特征：一是生产资料和劳动成果归个

人所有；二是劳动者以自己的劳动为基础。个体经济中，生产者既是直接的劳动者，又是生产资料的私有者，劳动者主要依靠自己的劳动取得收入。个体经济具有规模小、工具简单、操作方便、经营灵活等特点，是一种不带有剥削关系的私有经济。

个体经济和民营经济的产生有着深刻的时代背景。

新中国成立后，经过社会主义革命和建设，特别是在长期的单一计划经济体制下，包括个体经济在内的民营经济曾一度在中国消失，国有经济和集体经济成为仅存的经济形式。

20 世纪 70 年代后期，上千万农民进城，同时小城镇人口不断流入大中城市，再加上大量知识青年回到城市，大城市人口膨胀，产生了就业难的社会问题。

为解决就业难的问题，政策层面开始放松对个体经济的限制，民营经济应运而生。

1980 年 8 月 17 日，中共中央转发全国劳动就业会议议定的文件《进一步做好城镇劳动就业工作》，认为在生产关系上对个体经济有所压制，必须对我国经济体制包括劳动体制进行全面改革，"逐步做到允许城镇劳动力在一定范围内流动"。要按照劳动部门介绍就业、自愿组织起来就业和自谋职业相结合的方针，使劳动者"可以在国营企业工作，可以在集体企业工作，可以组织合作社或合作小组进行生产和经营，还可以从事个体工商业和服务业劳动"，这是中央层面正式承认个体经济合法地位的一个历史时刻。

1981 年 10 月 17 日，中共中央、国务院又出台《关于广开门路，搞活经济，解决城镇就业问题的若干决定》。这个决定指出，在社会主义公有制经济占优势的根本前提下，实行多种经济形式和多种经营方式长期并存，是党的一项战略决策。

同年出台的《关于城镇非农业个体经济若干政策性规定》，对城镇非农业个体经济的经营范围做了细致规定，要求在资金、货源、场地、税收、市场管理等方面给予支持和方便，给予个体经营者同全民所有制、集体所有制单位的劳动者一样的政治权利和社会地位。

在中央的支持和鼓励下，通过允许个体经济发展，仅在1981年底，全国个体户就突破百万，大大缓解了就业问题。同时，个体经济也促进了市场经济发展，使之逐渐成为计划经济之外的有益补充。

之后，中央根据社会经济发展的实际，又陆续出台了一系列保障个体、私营经济发展的文件。在政治地位方面，1982年党的十二大提出："在农村和城市，都要鼓励劳动者个体经济在国家规定的范围内和工商行政管理下适当发展，作为公有制经济的必要的、有益的补充。"这一论断鼓舞民营企业家更加投身于干事创业中。在具体政策促进和扶持方面，不断放宽市场准入，不断进行商事制度改革，不断完善产权保护，使民营经济可以进一步拓宽经营领域、便利化投资决策等，逐步和国有经济享受同等待遇。

新事物的生命力无比蓬勃。改革开放以来，我国民营经济从小到大、由弱到强，为中国的经济社会发展提供了强劲的动力。

有人曾形象地说，截至2018年，民营经济对中国社会的贡献是"5、6、7、8、9"。

所谓"5、6、7、8、9"，是指民营企业贡献了全国50%以上的税收、60%以上的GDP、70%以上的创新、80%以上的城镇就业和90％以上的企业数量，发展成为社会主义市场经济的重要组成部分和我国经济社会发展的重要基础。

事实充分证明，我们在小康征程上所取得的历史性成就，离不开民营经济的发展壮大。

历史的长河，也将铭记那些为个人、国家、民族的发展做出过贡献的民营经济"弄潮儿"！

"傻子瓜子"年广久的创业之路，就是我国改革开放初期民营经济和个体经济的极具代表性的典范。

走在今天安徽芜湖市中心的广场上，人们会注意到一家店面不大的"傻子瓜子"连锁店。在周围鳞次栉比的高楼对比下，这个带着浓重的20世纪80年代痕迹的食品店并不起眼。但当人们看到小店上方一个张开双臂的老人像和旁边几段醒目的语录时，就会立刻意识到它的不一般。

像上的这位老人就是被称为"中国第一商贩"的"傻子瓜子"创始人年广久，而旁边的语录就是改革开放总设计师邓小平当年就"傻子瓜子"问题发表的经典谈话。

在铁桶一块的计划体制下，年广久和许多"街边致富"的第一代创业人一样，不识字，也没有所谓的正式工作，因为生活所迫，他们只能靠做小生意谋生活。

年广久尝尽了生活的甘苦。他十几岁就摆过水果摊，摊点经常被当作"资本主义尾巴"割掉。1963年，年广久又因贩鱼被扣上"挖社会主义墙角""投机倒把"等罪名，锒铛入狱。出狱后的年广久开始卖板栗。1966年，席卷全国的"文化大革命"运动一来，年广久又被关了20多天。此后，倔强的年广久转而炒卖瓜子。他走访全国各地，掌握了72个品种瓜子的不同配料，并研制出了融南北口味于一体的瓜子。

他每天晚上七八点钟开始炒瓜子，同时还要不断尝瓜子味道，舌头都麻木了，炒瓜子时，火星溅到衣服上，烧得到处都是洞，这样一口气干到第二天早晨五点，凌晨时分，他洗洗脸稍微睡一会后，七点钟左右又起床，开始把炒好的瓜子分包包好。估计到了各单位正式下班时间，就出去悄悄地把包好的瓜子拉出去。在市场上，他拎着小篮、口袋，以衣作遮掩，偷偷摸摸地卖。就这样，他不屈不挠地坚持着自己的生意。

和别人不一样，年广久卖的瓜子味道香，个儿大，分量足，利很薄。人家买一包，他会另抓一把给人家；人家不要，他会硬往人家兜里塞。同行都叫他"傻子"。久而久之，"傻子瓜子"的名字也就传开了。回想起那段历史，年广久认为自己很有营销意识，他认为自己多抓一把给人家，其实就是做宣传，和现在企业花巨额资金做广告、做宣传是一个道理。

事实上，当时像年广久一样自主择业经商的不在少数。尤其是党的十一届三中全会以后，随着政策鼓励、支持人们自主创造财富的信息不断被传播和证实，全国各地的街边创业者纷纷"浮出水面"。当时，宗庆后在卖棒冰、卖作业本；南存辉初中还没有毕业就开始摆摊修鞋；刘永好中专毕业当物理教师……这些第一批创富者出身草莽，坚韧而勇于拼搏。由于客观上的市场空白，他们的快速发展很快突破了当初政策的设定，在雇工数量和获利金额上引发了很大的争议。

"傻子瓜子"到1982年时已经雇工105人，并且很快由日产一万斤发展到10万斤、20万斤，而利润则以每天两万的速度暴增。而在20世纪80年代初，"两个凡是"的禁区还没有突破，无论是政治还是经济领域，"左"的思想还在绝大多数人的头脑中残存着。而在马克思主义经典作家的著作里，"七上八下"是一条铁定的界线，即雇工超过八人，就是开始"占有工人的剩余价值"，从"小业主"变身为"资本家"，阶级性质发生了改变。

实际上 20 世纪 80 年代初的中国，雇工"超标"的"傻子"远不止一个。广东高要县农民陈志雄雇用临时工 100 个，高德良创办"周生记太爷鸡"雇工六个，很多个体户雇工有十几个、二十几个……对于全国刚刚开业的十万工商户来说，雇工的数量是否应该限制，能不能超过八个，已经从一个抽象的理论问题变成实际难题。

根据保守的理论，"安徽出了个资本家叫年广久"的论调不胫而走，并且迅速在全国的政界、学界引发了一场激烈的辩论。有人提出，年广久雇工人数超过国家规定，对国营、集体企业形成不利影响，应该限制其发展。在这种思潮影响下，1982 年初，一批处在市场经济"风头浪尖"上的人被处以"投机倒把罪"。其中最出名的，是在个体私营经济发源地的温州柳市镇，"五金大王"胡金林、"矿灯大王"程步青等八人被列为重要打击对象，这就是人们常说的"柳市八大王"事件。

一时间，刚刚起步的民间工商业者人心浮动。

年广久究竟算不算资本家？算不算剥削？以"傻子瓜子"为代表的雇工人数的问题，到底是姓"社"还是姓"资"？这不啻一个重磅炸弹，要求决策层尽快作出回应。

在邓小平的总体设计中，搞活放开必须允许反复实践、多种尝试。他认为，党和国家不可能僵化地抱着一百多年前西方马克思主义者的原教旨观点来全部解决中国的实际问题，反对"本本主义"是一项必须长期抓好的重要工作，思想解放在邓小平眼里具有"破冰"的重大意义。

1980 年，邓小平看到了党内最资深的农村问题专家之一、时任中央农村政策研究室主任的杜润生送来的"傻子瓜子"问题的调查报告后，立刻意识到这是个攸关改革开放全局、事关解放思想路线方针的重大理论和现实问题。当时就对个私经济发展给予肯定，并对一些人关于姓"社"姓"资"的争论，表示要"放一放""看一看"。这是邓小平最早谈到"傻子瓜子"问题。

1984 年 10 月 22 日，面对围绕雇工人数和"傻子瓜子"现象愈演愈烈的争论，邓小平在中央顾问委员会第三次全体会议上专门就此问题明确指出：

> "前些时候那个雇工问题，相当震动呀，大家担心得不得了。我的意见是放两年再看。那个能影响到我们的大局吗？如果你一动，群众就说政策变了，人心就不安了。你解决了一个'傻子瓜子'，会牵动人心不安，没有益处。让'傻子瓜子'经营一段，怕什么？伤害了社会主义吗？"[1]

邓小平一锤定音，个体户的雇工问题迎刃而解。这次谈话被认为撕开了决定中国命运的口子，成为日后轰轰烈烈的民营经济发展的政策基础。不久后，五届全国人大五次会议通过的第四部宪法首次承认个体经济的合法地位，个体户的腰杆子开始硬了起来。不少个体户成了"万元户"，有的还被政府戴上了大红花请到主席台介绍经验，而年广久也因这次讲话而留名中国改革史。

世事变幻，白云苍狗。20 世纪 80 年代末，中国保守的"左"

---

① 《邓小平文选》第三卷，人民出版社 1994 年版，第 91 页。

的思想又有所抬头，他们打着"坚持四项基本原则、反对资产阶级自由化"的旗号，对改革开放中涌现出的新事物、新气象横加干涉。

一时间，从农村到城市，从田间地头到工厂，许多改革举措被延宕搁浅，改革中涌现出来的各类带头人纷纷观望，改革开放又陷入迷雾重重的境地。而此时，年广久也因为和芜湖市政府的企业合资问题引发了"经济问题"，因"流氓罪"而身陷囹圄。

如何打破僵局、推进改革成了邓小平的案头之重。

东方风来满眼春。1992 年，已经退下来的邓小平马不停蹄地巡查了南方数个省市的改革开放情况，发表了力挽狂澜的"南方谈话"。在这次谈话中他又一次提到了"傻子"：

> "农村改革初期，安徽出了个'傻子瓜子'问题。当时许多人不舒服，说他赚了一百万，主张动他。我说不能动，一动人们就说政策变了，得不偿失。"[1]

邓小平的讲话让年广久重新获得自由，而围绕当时中国改革开放的思想迷雾从此渐被拨开。从此，年广久的发展道路再没有经受"路线方向上的阻碍"。

出狱后的年广久连同两个儿子给邓小平写了封情真意切的信："今年年初，您在南巡中讲到了我们'傻子瓜子'，我们感到好温暖、好激动。您是对全国人民讲的，但对我们更是极大鼓舞。光是今年下半年，我们'傻子瓜子'就新建了 13 家分厂，生产了 700 多万公斤瓜子。这都是由于您的支持和您的政策好！从经营'傻子瓜子'以来，我们已向国家交纳了 200 多万元的

---

[1] 《邓小平文选》第三卷，人民出版社 1994 年版，第 371 页。

税，向社会提供了 40 多万元的捐赠。但我们还要兢兢业业地继续做'傻子'，为顾客提供更多味美可口、价钱公道的瓜子；我们还计划更大的扩大经营规模，把'傻子瓜子'打到国际市场上去，为国家多作贡献。"①

中国有句老话，叫"胆识胆识，胆子在前识在后。"民间又流传着"一分胆量一分福"的说法。可见胆量在群众致富过程中所占的重要地位。在铁桶一块的 20 世纪 70 年代末，要走出来、干起来、赶上来，胆量就尤其显得可贵。

和今天文化素质较好的创业者不同，第一批创业者是颇具特色的社会新群体，像年广久一样，他们身份边缘、一无所有，有的就是自己的胆量。同时，当时许多回城青年无法就业，许多出狱的人无法谋生，只好心一横，干起了个体。

那时候，"吃公家饭"还是人们的第一选择，干个体不是什么光彩的事。"下海"这个词十分恰当地说明了这个问题。既然是下海，有淘到金子的机会，也有被呛着噎着的可能。在深不可测的大海面前，人是很渺小的。有胆量，就成了很重要的品质。

其实做什么事业不需要这样的精神呢？

成功往往是多方面因素的结合，历史必须从更开阔的视野加以审视，才能理出发展的脉络来。因此我们也必须看到，执政者对于历史潮流的判断、掌控也具有十分重要的作用，因为这往往决定着新事物的存亡。

《道德经》上说"治大国如烹小鲜"，人们常常借此来说明治国之道。有烹饪经验的人知道，煎小鱼时不能随意翻动。经常翻

---

① 刘海泉：《邓小平曾牵挂的两个安徽农民》，《市场星报》2014 年 8 月 21 日。

动，小鱼就要破碎，无法成食。治理像中国这样一个拥有十几亿人口、发展情况复杂的大国，治国的理念要经得起时间的检验，更不能朝令夕改。正如邓小平关于"傻子瓜子"的结论那样，要允许有一段时间的观察期和适应期，相信群众的实践，不要轻易下结论。

仔细梳理我们不难发现，年广久曾三次入狱，其罪名分别为"投机倒把罪""牛鬼蛇神""流氓罪"；三次被邓小平点名，分别为 1980 年、1984 年、1992 年，这刚好是改革开放的三个重要转折点。事实上，1978 年党的十一届三中全会后虽然允许颁发个体工商户营业执照，但其经营范围被严格限制在修理、服务和手工业等几个少数行业。到 1982 年，经营范围才逐步扩大到手工业、修配业、服务业、交通运输业、商业和饮食业等行业。

"一有阳光就灿烂，一遇雨露就发芽。"直到 1984 年邓小平关于"傻子瓜子"的谈话发表后，全国的个体私营经济才出现了蔚为壮观的"个体户现象"：卖大碗茶的、运煤球的、开小饭馆的、倒卖服装的、修自行车的、装裱字画的……正是因为决策层的高瞻远瞩，群众创造财富的热情才开始被激发并且被放大。当代中国民营经济的"种子"由此播下，而以个体私营经济为特征的"温州模式"和乡镇集体经济为特征的"苏南模式"开始萌生，渐渐驰名大江南北。在安徽，年广久带动了小产品大行业——徽派"炒货"，一两年之内芜湖崛起的国营的、集体的和个体的瓜子经营者有 57 家，其中个体的占了 48 家，芜湖成为名副其实的"瓜子城"，不少人由贫穷变成了百万富翁甚至千万富翁。年广久成为安徽当时个体经济发展的"领头羊"，和当时安徽小岗村的联产承包相得益彰。

像年广久一样出身"草根",但抓住了时代机遇,敢闯敢干,从而收获成功的企业家并不是少数。回顾和对照这些先行者的创业之路,我们可以深切地感受到,中国民营经济一路走来并不容易,民间的创富事业既要民有胆,又要治有方。没有过人的胆识,难以成功,也无法对改革宏图提供实践经验;但没有党的领导和热情扶持,改革的一切萌芽都有可能夭折,小康之路也会遭受阻碍。

兴办经济特区:对外开放的重大步骤

"1979年,那是一个春天,有一位老人在中国的南海边画了一个圈,神话般地崛起座座城,奇迹般聚起座座金山……"

这首《春天的故事》,是唱给以深圳为代表的我国经济特区的赞歌。

1979年,如何在经济领域贯彻落实对外开放政策,成为一个重大而现实的课题。

邓小平果断拍板,中国可以开辟一个与世界市场对接的"经济特区",作为"技术的窗口,管理的窗口,知识的窗口,也是对外政策的窗口"。1979年7月,中共中央、国务院同意在广东省的深圳、珠海、汕头三市和福建省的厦门市试办出口特区。

经济特区可以实行特殊的经济政策、灵活的经济措施和特殊的经济管理体制,并坚持以外向型经济为发展目标。从实质上说,经济特区是世界自由港区的主要形式之一,是以减免关税等优惠措施为手段,通过创造良好的投资环境,鼓励外商投资,引进先进技术和科学管理方法,以达到促进特区所在国经济技术发展的目的。

春雷一声惊四方。

特区的发展一日千里。在 20 世纪 80 年代，"深圳速度"这四个字响彻神州大地，几乎家喻户晓。

"深圳速度"的创建，与一栋高楼大厦有关。它就是深圳国际贸易中心大厦，简称"国贸大厦"。

1980 年，深圳设立了经济特区，成为一片干事创业的热土，吸引了国人的眼光。不少内地省份的部门单位想在深圳盖办公楼，作为对外"窗口"。为此，深圳市决定，专门划出一块地盘，盖一栋高楼大厦，成为各省市部门单位的办公场所。

这栋高楼大厦的名字，就叫深圳国际贸易中心大厦。

国贸大厦最初打算盖 38 层楼。为什么是 38 层楼呢？这是因为，当时江苏刚刚建成的南京金陵饭店有 37 层楼，高 110 米，稳坐"中国第一高楼"的交椅。国贸大厦要在层数上超过南京金陵饭店，成为新的"中国第一高楼"。

不过，国贸大厦的"野心"绝不仅仅成为"中国第一高楼"，他们有更高的追求：与国际接轨，建成 30 年内不落伍的现代化大厦。于是，经过几次更改设计方案，国贸大厦的建设层数从 38 增加到 44，最终定为 53 层楼，楼层总高度是 160 米。这 53 层楼，有 3 层楼位于地下，有 50 层楼位于地上。楼顶的直升飞机停机坪，能够供直升飞机降落、起飞。

1984 年 10 月，国贸大厦正式破土动工。

在这之前，深圳国际商业大厦创建了平均不到五天盖一层楼的惊人速度，提前 94 天竣工。负责承建的中国一冶公司为此还领走了 94 万港元的奖金，在全国轰动一时。国贸大厦的建设速度更快。从五天盖一层楼，到四天盖一层楼，再到三天盖一层楼。1985 年 12 月 29 日，国贸大厦只用了 15 个月就宣告竣工。

三天盖一层楼，这是什么概念呢？"摩天大楼"概念的发明者是美国，美国的最高速度是四天盖一层楼。

"深圳速度"从此叫响，成为 20 世纪 80 年代的时代最强音，甚至成为中国改革开放的代名词。

国贸大厦建成后，理所当然地成为"中国第一高楼"，成为深圳的"地标"，被视为深圳的"形象代言人"和一张亮丽"名片"。当时有句话这样说："不到国贸，不算来过深圳。"

不仅如此，国贸大厦还是一栋现代化大厦。大厦内配备有先进的供配电系统、给排水系统、中央空调系统、楼宇自控系统、火灾自动报警系统、保安监控系统、电梯系统等，安装有各类设备 1700 多台，90％为进口设备。国贸大厦还率先在国内使用了从澳大利亚进口的玻璃幕墙。

值得一提的是，国贸大厦的第 49 层为旋转餐厅，也是当时中国最高的旋转餐厅，风靡一时。旋转餐厅用从比利时进口的 48 块大玻璃镶嵌。游客站在旋转餐厅里，能够俯瞰深圳全貌。

因此，国贸大厦投入运营后，成了一个旅游观光的景点，吸引了大批中外游客。许多来深圳旅游的人，都要去国贸大厦游览留念，逛一逛国贸商场，或者到顶层旋转餐厅一睹深圳的全城风光。

因着"深圳速度"，深圳从一个"水草寮棚"的小渔村，发展成一座常住人口逾千万，充满魅力、动力和活力的国际化大都市，众多突破旧有观念与体制的举措喷薄而出，辐射全国。

"深圳速度"从另一个侧面，也见证了生产关系进行改革调整之后，对于生产力的巨大解放作用。这种解放，对于提速建设小康社会，无疑具有极其重要的作用。

改革之势如破竹。在兴办经济特区之后，我国又相继开放沿海十几个城市，在长江三角洲、珠江三角洲、闽东南地区、环渤海地区开辟经济开放区，批准海南建省并成为经济特区。对外开放不断扩大，两亿人口的沿海地带迅速发展，有力地推动了全国的改革开放和经济建设。

风生水起逐浪高。20 世纪 80 年代，我们又相继成立了"经济技术开发区""沿海经济开放区"和"高新技术产业开发区"；20 世纪 90 年代初期陆续出现"国家级新区"；进入 21 世纪以来，上海等地又陆续揭牌了"自由贸易试验区"……

一幅以点带面不断开放的中国画卷呈现在眼前。这些"区"利用国外资金、技术、管理经验来发展社会主义经济，先行先试、以点带面，不仅在经济体制改革中发挥"试验田"作用，在对外开放中发挥重要"窗口"作用，同时也反映了中国社会制度变迁和社会主义市场经济发展的历史轨迹，诠释了中国持续推进改革、扩大开放的坚定步伐。

通过这些特区的崭新实验，中国不仅打开了"一扇窗"，更打开了"一扇门"。这些特区成为中国道路的探索者、先行者和实践者，为构建小康社会增加了重要的动力，推动中国构建小康社会的宏图伟略向纵深发展。

二、势如破竹再翻一番

（1987—2002 年）

雄关漫道真如铁，而今迈步从头越。

胜利解决温饱问题后，我们将向更高水平的小康目标迈进。1987 年 10 月，党的十三大正式将实现小康列为"三步走"发展战略的第二步目标。党的十三大同时指出，我国现代化建设将取得新的巨大的进展，人民群众将能过上比较殷实的小康生活，人民普遍丰衣足食，安居乐业，中国特色社会主义制度的人民性显示了强大的生命力。在这次代表大会上，我们根据自己的国情，提出了社会主义初级阶段的基本路线。

1989 年 6 月 23 日至 24 日，中国共产党第十三届四中全会在北京召开。全会选举江泽民为中央委员会总书记，形成了新的党中央领导集体。进入 20 世纪 90 年代，我们党根据新的形势提出再用 10 年的时间，实现从温饱到小康的跨越。

1992 年，邓小平同志视察南方发表重要谈话，精辟地分析了当时国际国内形势，科学地总结了十一届三中全会以来党的基本实践和基本经验。邓小平南方谈话破除了姓"社"与姓"资"的困扰，为确立社会主义市场经济体制指明了方向，也为进一步建设小康社会奠定了坚实基础。

1992 年 10 月，党的十四大正式提出，要在 20 世纪 90 年代初步建立起社会主义市场经济体制，实现全国人民生活达到小康水平的第二步发展目标；到建党 100 周年的时候，在各方面形成一整套更加成熟更加定型的制度；到 21 世纪中叶建国 100 周年的时候，达到第三步发展目标，基本实现社会主义现代化。1993 年 11 月，党的十四届三中全会确定了社会主义市场经济体制的基本框架，为我国的经济发展注入了新的活力。到了 1995 年，原定 2000 年国民生产总值比 1980 年"翻两番"目标提前完成；1997 年人均国民生产总值实现翻两番的目标提前完成，"总量"和"人均"都提前实现了第二步战略目标，由此也实现了由温饱到总体小康的历史性跨越。2002 年，党的十六大报告指出："人民生活总体上实现了由温饱到小康的历史性跨越。"

世纪之交，我国不但解决了温饱问题，而且人民生活总体上达到了小康水平，这是改革开放和现代化建设的丰硕成果，是中华民族发展史上一个新的里程碑。

"两手抓"：改革和建设的强有力的思想和政治保证

1978 年，党的十一届三中全会作出改革开放的重大决策，党和国家工作重心转移到经济建设上来，短短几年就经济腾飞，小康社会的美好愿景逐步变成现实。

随着对外开放政策的实行，我国引进了西方先进技术和管理经验，但一些资本主义腐朽思想文化也随之进入中国。当时社会上有一种形象的说法：对外开放就像打开了一扇窗户，新鲜空气进来了，蚊子苍蝇也进来了。同时，随着商品经济的发展，商品交易原则也不断向经济之外的领域渗透。特别让党内外感到忧虑的是，奢靡浪费、以权谋私、贪污受贿等现象也在社会上蔓延开来。

对此，当时社会上出现了两种意见：一种意见认为，只要搞好经济就行，其他问题先放一放再说；另一种意见认为，"宁可钱袋子瘪了，也不能让脑瓜子空了"，应该先搞好政治思想道德建设，经济建设可以慢一些。

风起青萍之末。邓小平同志敏锐地发现了这个可能导致改革开放和建设小康社会事业"跑偏"的严重问题。他指出："经济建设这一手我们搞得相当有成绩，形势喜人，这是我们国家的成功。但风气如果坏下去，经济搞成功又有什么意义？会在另一方面变质，反过来影响整个经济变质，发展下去会形成贪污、盗窃、贿赂横行的世界。"①

为了解决这些严重问题，邓小平同志不失时机地提出了一系列"两手抓"的重大思想。

1980年12月，他在中央工作会议上指出："我们要建设的社会主义国家，不但要有高度的物质文明，而且要有高度的精神文明"。②此后，邓小平同志多次强调，要"两手抓、两手都要硬"。

邓小平同志根据不同时期的工作重点，把这一思想又化解到若干个相关的、对立统一的事物中，赋予它以广泛的内涵和深刻的寓意，不断拓展"两手抓、两手都要硬"思想的广度和深度——

---

① 《邓小平文选》第三卷，人民出版社1994年版，第154页。
② 《邓小平文选》第二卷，人民出版社1994年版，第367页。

　　"我们要有两手，一手就是坚持对外开放和对内搞活经济的政策，一手就是坚决打击经济犯罪活动。"①

　　"搞四个现代化一定要有两手，只有一手是不行的。所谓两手，即一手抓建设，一手抓法制。"②

　　"要坚持两手抓，一手抓改革开放，一手抓打击各种犯罪活动。这两只手都要硬。"③

　　…………

　　"一手抓改革开放，一手抓打击犯罪；一手抓经济建设，一手抓民主法制；一手抓物质文明，一手抓精神文明"，是邓小平同志提出的"两手抓"战略方针的基本内容。

　　从"两手抓"的基本内容来看，两手所抓的内容不是孤立的、互不联系的两类问题，而是在社会主义现代化建设进程中，在改革开放的社会实践里，围绕解放和发展生产力这个主旋律而展开的一个问题的两大方面，是建设中国特色社会主义的两项密切相关的内容。尤其是从两个文明建设的高度来看，两手抓的内容恰恰是社会的全面进步和现代化建设的健康、协调发展。这就要求两手必须协同动作，配合要好。

　　从"两手抓"的哲学渊薮来看，"两手抓，两手都要硬"思想，既全面完整，又具有了很强的现实针对性，实质上是强调重点和非重点的统一，做到两点统筹兼顾这一理论基础内在的要求是坚持两手抓，两手要统一，因此是马克思主义哲学"两点论"

　　①　《邓小平文选》第二卷，人民出版社 1994 年版，第 404 页。
　　②　《邓小平文选》第三卷，人民出版社 1994 年版，第 154 页。
　　③　《邓小平文选》第三卷，人民出版社 1994 年版，第 378 页。

在新时期的生动运用。邓小平同志明确指出:"八十年代初建立经济特区时,我与广东同志谈要两手抓,一手要抓改革开放,一手要抓严厉打击经济犯罪,包括抓思想政治工作。就是两点论。"①

因此,"两手抓、两手都要硬"是马克思主义思想精髓和科学方法在我们党治国理政、管党治党实践中的具体体现。坚持"两手抓、两手都要硬",成为我们党推进改革开放和建设小康社会伟大实践的一个根本方针。

历史证明,什么时候"两手抓"配合得好,我们的改革开放和建设小康社会大业就进展顺利,反之就受损。可以毫不夸张地说,从"两手抓"开始,我们如同找到了一把打开科学执政之门的钥匙,我们党的一系列重大方针政策的制定和实施越来越科学。

在社会主义初级阶段基本路线指引下前进

党的十三大至十四大之间的五年(1987—1992年),是很不寻常的五年。这期间,我们遇到了国民经济在加速发展中出现的一些问题②,遇到了1989年春夏之交发生的政治风波,遇到了历

① 《邓小平文选》第三卷,人民出版社1994年版,第306页。
② 这一时期,我们在小康社会的建设中也出现了一些问题,如1988—1989年,全国开始出现经济增长过热,信贷规模过大,货币发行过多等经济问题。

史上罕见的洪涝灾害①，还遇到了苏东巨变等国际政治风云的急剧变化。

在尖锐、复杂的矛盾面前，我们党坚定沉着，作出一系列重大而正确的决策，领导全国人民实现了社会稳定、政治稳定和经济发展。

"凡益之道，与时偕行。"巨大的成就首先来自党的正确路线。这条路线就是全党和全国各族人民十分熟悉、十分亲切的党的十一届三中全会以来的路线。

1987 年召开的党的第十三次全国代表大会比较系统地论述了我国社会主义初级阶段的理论，明确概括和全面阐发了这条路线——党的"一个中心、两个基本点"的基本路线。

这条基本路线的完整表述是——在社会主义初级阶段，我们党的建设有中国特色的社会主义的基本路线是：领导和团结全国各族人民，以经济建设为中心，坚持四项基本原则，坚持改革开放，自力更生，艰苦创业，为把我国建设成为富强、民主、文明的社会主义现代化国家而奋斗。

实事求是是党的思想路线的实质和核心，实事求是地认识我国社会现在所处的历史阶段，是建设有中国特色的社会主义的首要问题，也是我们制定和执行正确的路线和政策的根本依据。

不可否认，我国正处于社会主义的初级阶段。我们所说的社

---

① 如 1987 年长江上游干流、汉江上中游、皖河及淮河中游先后出现较大洪水；1988 年西江上中游大水，嫩江大水；1989 年长江、黄河、淮河的上游干流先后发生较大洪水；1990 年嘉陵江上游、汉江上游、沅江、资水和清江及渭河先后大水；1991 年淮河发生了自 1949 年以来的第 2 位大洪水，长江支流滁河、澧水和乌江部分支流及鄂东地区中小河流举水等相继出现近 40 余年来最大洪水，松花江干流发生两次大洪水；1992 年 8 月末 9 月初，我国东部沿海发生了 1949 年以来影响范围最广，损失最严重的一次风暴潮灾；等等。

会主义初级阶段，有它的特定含义：第一，我国已经进入社会主义社会；第二，生产力的水平还很低，社会主义制度还不完善。

众所周知，我国原来是一个半殖民地半封建的大国。从 19 世纪中叶以来的一百多年间，各种政治力量的反复较量，旧民主主义革命的多次失败和新民主主义革命的最终胜利，证明资本主义道路在中国走不通，唯一的出路是在共产党领导下推翻帝国主义、封建主义、官僚资本主义的反动统治，走社会主义道路。但是，也正因为我们的社会主义是脱胎于半殖民地半封建社会，生产力水平远远落后于发达的资本主义国家，这就决定了我们必须经历一个很长的初级阶段，去实现许多别的国家在资本主义条件下实现的工业化和生产的商品化、社会化、现代化。

因此，我国社会主义初级阶段，是逐步摆脱贫穷、摆脱落后的阶段；是由农业人口占多数的手工劳动为基础的农业国，逐步变为非农产业人口占多数的现代化的工业国的阶段；是由自然经济半自然经济占很大比重，变为商品经济高度发达的阶段；是通过改革和探索，建立和发展充满活力的社会主义经济、政治、文化体制的阶段；是全民奋起，艰苦创业，实现中华民族伟大复兴的阶段。

其次，正确的路线也来自对我国发展的历史阶段的恰当估量。谋划和推进党和国家各项工作，同时必须深入分析和准确判断我国的基本国情。

那么，党的十三大召开之际，我国面临的基本国情是怎样的呢？主要有两个方面的情况。

一方面，以生产资料公有制为基础的社会主义经济制度、人民民主专政的社会主义政治制度和马克思主义在意识形态领域中的指导地位已经确立，剥削制度和剥削阶级已经消灭，国家经济实力有了巨大增长，教育科学文化事业有了相当发展。

另一方面，人口多，底子薄，人均国民生产总值仍居于世界后列。这突出表现为几个"同时存在"——

十亿多人口，八亿在农村，基本上还是用手工工具谋生；

一部分现代化工业，同大量落后于现代水平几十年甚至上百年的工业，同时存在；

一部分经济比较发达的地区，同广大不发达地区和贫困地区，同时存在；

少量具有世界先进水平的科学技术，同普遍的科技水平不高，文盲半文盲还占人口近四分之一的状况，同时存在；

…………

我国落后的生产力，决定了在生产关系方面，发展社会主义公有制所必需的生产社会化程度还很低，商品经济和国内市场很不发达，自然经济和半自然经济占相当比重，社会主义经济制度还不成熟不完善；在上层建筑方面，建设高度社会主义民主政治所必需的一系列经济文化条件很不充分，封建主义、资本主义腐朽思想和小生产习惯势力在社会上还有广泛影响，并且经常侵袭党的干部和国家公务员队伍。

这些，都是我们必须面对的基本国情。

明确了我们所处的历史阶段和所面对的基本国情，就能进一步从理论上武装全党，增强全体党员执行党在社会主义初级阶段的基本路线的自觉性，进而转化为推动建设小康社会的强大物质力量。

正确的理论指引，也让我们对小康的内涵有了更加丰富和具体的认识。1990 年 12 月，党的十三届七中全会审议并通过的《中共中央关于制定国民经济和社会发展十年规划和"八五"计划的建议》对小康的内涵作了详细的描述，"所谓小康水平，是指在温饱的基础上，生活质量进一步提高，达到丰衣足食……"这就为我们跨入 20 世纪 90 年代如何深化对小康社会的认识、因时制宜地建设小康社会提供了根本遵循。

正确的路线方针指引人民创造光辉的成绩。

在经济改革和对外开放的推动下，党的十三大至十四大之间的 5 年，我国在小康征程上取得了新的突破。在此期间，我国经济得到高速增长，除 1986 年增长 8.5％以外，其余年份的增长速度都在 10％以上。到 1988 年，提前实现了国民生产总值比 1980 年翻一番的目标。"三步走"的第一步发展战略提前实现。到 1990 年，我国的国民生产总值按不变价格计算比 1980 年增长了 1.36 倍，平均每年增长 9％，大大领先于世界经济的平均发展速度。我国人民生活水平实现了由贫困到温饱的历史性跨越。①

我们始终注意化解前进中的矛盾问题。1988 年 9 月，针对 1988 年至 1989 年全国开始出现经济增长过热、信贷规模过大、货币发行过多等经济问题，党的十三届三中全会提出了治理经济

———

① 《从"小康"到"全面小康"》，人民网 2014 年 7 月 14 日。

环境、整顿经济秩序的改革方针，着手调整经济发展的速度和规模。全会原则通过了《关于价格、工资改革的初步方案》和《中共中央关于加强和改进企业思想政治工作的通知》。对初步方案，全会建议国务院在今后五年或较长一段时间内，根据严格控制物价上涨的要求，并考虑各方面的实际可能逐步地、稳定地组织实施。

党的十三届四中全会选出新的中央领导集体，选举江泽民同志为中央委员会总书记。1989 年 11 月 9 日，中国共产党第十三届五中全会同意邓小平辞去中央军委主席的请求。我们党顺利地实现了中央领导层的新老交替。

在国际局势剧变的情况下，新的党中央领导集体按照冷静观察、沉着应对的方针，全面坚持党的基本路线，坚持把注意力集中在办好我们自己的事情上，继续抓住经济建设这个中心，同时大力加强思想政治工作和党的建设工作，先后作出了关于加强廉政建设的决定，关于进一步治理整顿、深化改革的决定，关于加强党同人民群众联系的决定，关于上海浦东开发开放的决策，关于国民经济和社会发展十年规划和"八五"计划的建议，关于搞好国营大中型企业的决定，关于进一步加强农业和农村工作的决定……党中央团结和带领全国人民，克服种种困难，说到做到，说一件办一件，办一件成一件，务求落实，务求见效，以取信于民，实现了社会稳定、政治稳定和经济发展。

小康之路，疾步稳行；小康内涵，与时俱进。

1991 年 3 月，七届全国人大四次会议通过的《关于国民经济和社会发展十年规划和第八个五年计划纲要》对小康生活的内涵作出了新的表述，"我们所说的小康生活，是适应我国生产力发展水平，体现社会主义基本原则的。人民生活的提高，既包括物质生活的改善，也包括精神生活的充实；既包括居民个人消费水平提高，也包括社会福利和劳动环境的改善。"

可以看出，这时的小康生活水平，不仅是衡量人民生活水平、经济发展水平的标准，还是衡量社会全面进步的标准。

党的建设，须臾不可放松。

党的十一届三中全会以来，我们党所制定的路线、方针、政策是正确的，社会主义现代化建设和改革开放取得了举世瞩目的成就，党群关系、干群关系总的说是好的。但是，一段时期以来，在一些党组织和党员干部中也滋长了官僚主义、主观主义、形式主义和消极腐败等严重脱离群众的现象。

正视问题，自我革命，是中国共产党一以贯之的宝贵品格。1990年3月9日至12日，中国共产党第十三届中央委员会第六次全体会议在北京召开。全会审议通过了《中共中央关于加强党同人民群众联系的决定》。

这个决定要求，鉴于历史和现实的经验，全党同志必须对消极现象保持高度警觉，并坚持不懈地同这些现象进行斗争，尽一切努力恢复和发扬我党密切联系群众的优良传统和作风。全会提出，今后必须从坚持从群众中来、到群众中去，建立健全民主的、科学的决策和决策执行程序，保证决策和决策的执行符合人民的利益；坚持各级领导干部经常深入基层、深入群众的制度，扎扎实实做好工作，把党的路线、方针、政策落到实处等七个方面坚持不懈地努力加强党同人民群众的联系，特别要注意切实解决群众最为关心而又有条件解决的问题，以实际行动密切党群关系。

党与人民，鱼水情深。优秀共产党员，永远都是爱民模范。

把自己的一腔热血洒在西藏高原的孔繁森同志，就是这样一位优秀党员干部。

孔繁森原籍山东聊城，是孔子第 74 代孙。18 岁参军，1966 年加入中国共产党。

1969 年，他从部队复员后，先当工人，后被提拔为国家干部。1979 年，国家要从内地抽调一批干部到西藏工作，时任地委宣传部副部长的孔繁森主动报名，并写下了"是七尺男儿生能舍己、作千秋鬼雄死不还乡"的条幅。

1979 年，孔繁森第一次赴西藏工作，担任日喀则地区岗巴县委副书记。在岗巴工作三年，孔繁森跑遍了全县的乡村、牧区，与藏族群众结下了深厚的友谊。

1988 年，山东省再次选派进藏干部，组织上认为孔繁森在政治上成熟又有在藏工作经验，便决定让他带队第二次赴藏工作。进藏后，孔繁森担任拉萨市副市长，分管文教、卫生和民政工作。到任仅四个月的时间，他就跑遍了全市八个县区所有的公办学校和一半以上的村办小学，为发展少数民族的教育事业奔波操劳；为了结束尼木县续迈等三个乡群众易患大骨节病的历史，他几次爬到海拔近 5000 米的山顶水源处采集水样，帮助群众解决饮水问题；了解到农牧区缺医少药的情况后，每次下乡时他都特地带一个医疗箱，买上数百元的常用药，工作之余就给农牧民群众认真地听诊、把脉、发药、打针，直到小药箱空了为止。

1992年，拉萨市墨竹工卡等县发生强烈地震，孔繁森在羊日岗乡的地震废墟上，还领养了三名藏族孤儿——12岁的曲尼、七岁的曲印和五岁的贡桑。收养孤儿后，孔繁森生活更加拮据，为此他曾三次以"洛珠"的名义献血900毫升，900毫升的鲜血蕴含着孔繁森对藏族孤儿深深的爱。

1992年底，孔繁森第二次调藏工作期满，西藏自治区党委决定任命他为阿里地委书记，这一任命意味着孔繁森将继续留在西藏工作。面对人生之路的又一次重大选择，他毫不犹豫地服从了党的决定、人民的需要。

阿里地处西藏西北部，平均海拔4500米，被称为"世界屋脊的屋脊"。这里地广人稀，常年气温在零摄氏度以下，最低温度达零下40多摄氏度，每年7级至8级大风占140天以上，恶劣的自然环境、艰苦的生活条件使许多人望而却步。

可是，1993年春天，年近50岁的孔繁森赴任阿里地委书记后，在不到两年的时间里，全地区106个乡他跑遍了98个，行程达8万多公里，茫茫雪域高原到处都留下了他深深的足迹。

在孔繁森的勤奋工作下，阿里经济有了较快的发展。1994年，全地区国民生产总值超过1.8亿元，比上年增长37.5%；国民收入超过1.1亿元，比上年增长6.7%。他为了制定把阿里地区的经济带上新台阶的规划，准备在最有潜力的边贸、旅游等方面下工夫。为此，他带领有关部门，亲自到新疆塔城进行边贸考察。1994 年 11 月 29 日，他完成任务返回阿里途中，不幸发生车祸，以身殉职，时年 50 岁。

人们在料理孔繁森的后事时，看到两件遗物：一是他仅有的 8 元 6 角钱；一是他去世前四天写的关于发展阿里经济的 12 条建议。这就是孔繁森留下的遗产，体现出一名共产党员的高尚为民情怀。

一幅幅低垂的挽联，诉说着人们的巨大悲痛，倾吐着人们的无限哀思和崇敬之情。

就像那许许多多把自己的青春、热血和生命都献给了西藏高原的先辈那样，党和人民的好儿子孔繁森，也把他那高大的身躯融入这片壮丽、神奇的土地，在无数人的心中树起一座不朽的丰碑。

2009 年 9 月，孔繁森被评为 100 位新中国成立以来感动中国人物之一。

正是无数孔繁森式的优秀党员干部，团结和带领当地人民将党的基本路线和基本方针贯彻落实到具体工作中，让我们的小康建设不断取得新的成就。

1990 年 9 月 22 日至 10 月 7 日，第十一届亚运会在北京举行。这是中国第一次承办亚运会，也是中国第一次承办综合性的国际体育大赛。

"火树银花不夜天，弟兄姐妹舞翩跹，歌声唱彻月儿圆。" 1990 年 10 月 7 日晚，第十一届亚运会闭幕式在北京工人体育场举行，近万名文艺工作者和青少年表演了大型文艺节目《今夜星光灿烂》。

良宵盛会，百族骈阗。第十一届亚运会的圆满成功，是中国人民为建设小康社会书写的新纪录，也抒发了中国人民和亚洲人民对领导中国小康社会建设的伟大的中国共产党的由衷敬意！

破藩篱、闯新路：构建社会主义市场经济体制

1992年10月党的十四大到1997年党的十五大期间，我国社会主义现代化建设取得了新的伟大历史性成就。"八五"期间[①]，国民经济迅速发展，综合国力显著增强，人民生活明显改善，社会主义市场经济体制逐步建立，对外开放总体格局基本形成，各项社会事业取得巨大成绩，原定到2000年国民生产总值比1980年翻两番的目标于1995年提前完成。

其时，世界两极格局已经终结，各种力量重新分化组合，世界正朝着多极化方向发展。党中央研判，和平与发展仍然是世界两大主题，世界政治新格局的形成将是长期的、复杂的过程。国际形势的剧变和动荡促使世界人民进一步觉醒。具有共同历史遭遇的发展中国家维护独立主权、团结合作的趋势正在加强。世界要和平，国家要发展，社会要进步，经济要繁荣，生活要提高，已成为各国人民的普遍要求。在今后一个较长时期内，争取和平的国际环境，避免新的世界大战，是有可能的。

牵牛要牵牛鼻子。如何抓住机遇，通过改革经济发展机制模

---

① 1991—1995年是中国第八个五年计划时期。"八五"计划建议和计划纲要分别在1990年和1991年审议通过。以1992年邓小平同志重要谈话和中共十四大为标志，"八五"时期中国改革开放和现代化建设进入新的阶段。

式，促进国民经济更好更快发展，是我们必须面对的重大理论和现实问题。

1992 年初，88 岁高龄的邓小平，前往南方视察并发表重要谈话，从理论上深刻回答了长期困扰和束缚人们思想的许多重大认识问题，提出了对整个社会主义现代化建设具有现实和长远指导意义的重要思想。

其中，能否实现小康目标，完成"三步走"发展战略，是邓小平极为牵挂的大事。邓小平的目光越过了千山万水，投向更加深邃的未来。他在南方谈话中反复和各地领导同志说："如果从建国起，用一百年时间把我国建设成中等水平的发达国家，那就很了不起！从现在起到下世纪中叶，将是很要紧的时期，我们要埋头苦干。我们肩膀上的担子重，责任大啊！"[1]

教诲谆谆，征途漫漫。

邓小平南方谈话，极大地鼓舞了全党同志和全国各族人民。全国到处热气腾腾，进一步展现出实现小康理想的壮丽前景。广大干部和群众思想更加解放，精神更加振奋，上下团结一致，以"时不我待、只争朝夕"的切实行动投身建设小康社会新的征程。

1992 年 10 月 12 日至 10 月 18 日，中国共产党第十四次全国代表大会在北京胜利举行。这次大会总结了党的十一届三中全会以来 14 年的实践经验，决定抓住机遇，加快发展；确定我国经济体制改革的目标是建立社会主义市场经济体制；提出用邓小平同志建设有中国特色社会主义理论武装全党。

---

[1] 《邓小平文选》第三卷，人民出版社 1994 年版，第 383 页。

这是党的历史上第一次明确提出建立社会主义市场经济体制的目标模式的全国代表大会。

把社会主义基本制度和市场经济结合起来，建立社会主义市场经济体制，是我们党的一个伟大创举，是党长期进行理论探索得出的最重要的结论之一，也是社会主义认识史上一次历史性的飞跃。

我国经济体制改革确定什么样的目标模式，是关系整个社会主义现代化建设全局，也是关系到建设小康社会能否加速实现的重大理论和现实问题。

这个问题的核心，是正确认识和处理计划与市场的关系。

传统的观念认为，市场经济是资本主义特有的东西，计划经济才是社会主义经济的基本特征。党的十一届三中全会以来，随着改革的深入，我们逐步摆脱这种观念，形成新的认识，对推动改革和发展起了重要作用。党的十二大提出计划经济为主，市场调节为辅；党的十二届三中全会指出商品经济是社会经济发展不可逾越的阶段，我国社会主义经济是公有制基础上的有计划商品经济；党的十三大提出社会主义有计划商品经济的体制应该是计划与市场内在统一的体制；党的十三届四中全会后，我们提出建立适应有计划商品经济发展的计划经济与市场调节相结合的经济体制和运行机制。特别是邓小平同志南方谈话进一步指出："计划多一点还是市场多一点，不是社会主义与资本主义的本质区别。计划经济不等于社会主义，资本主义也有计划；市场经济不等于资本主义，社会主义也有市场。计划和市场都是经济手段。"[①] 这个精辟论断，从根本上解除了把计划经济和市场经济看作属于社会基本制度范畴的思想束缚，使我们在计划与市场关系问题上的认识有了新的重大突破。

知之不易，行之甚难。把建立社会主义市场经济体制的大课题，化为一篇精彩的建设小康社会大文章，殊非易事。

为了贯彻党的十四大精神，加速改革开放，推动经济发展和社会全面进步，党中央先后召开七次全会，分别就建立社会主义市场经济体制、加强党的建设、制定国民经济和社会发展"九五"计划和二零一零年远景目标、加强社会主义精神文明建设等一系列关系全局的重大问题，作出了规划和部署。

在新的目标指引下，我们改革开放伟大事业取得新的突破。按照建立社会主义市场经济体制的要求，我们大步推进了财政、税收、金融、外贸、外汇、计划、投资、价格、流通、住房和社会保障等体制改革，市场在资源配置中的基础性作用明显增强，宏观调控体系的框架初步建立。国有企业改革在试点基础上积极推进。以公有制为主体、多种经济成分共同发展的格局进一步展开。对外经济、技术合作与交流继续扩大，对外贸易和利用外资大幅度增长，国家外汇储备显著增加。

此外，我们加速科技进步，大力发展教育，充分发挥知识分子的作用；充分发挥各地优势，加快地区经济发展，促进全国经济布局合理化；积极推进政治体制改革，使社会主义民主和法制

---

① 《邓小平文选》第三卷，人民出版社 1994 年版，第 373 页。

建设有一个较大的发展；下决心进行行政管理体制和机构改革，切实做到转变职能、理顺关系、精兵简政、提高效率；坚持两手抓，两手都要硬，把社会主义精神文明建设提高到新水平；不断改善人民生活，严格控制人口增长，加强环境保护；加强军队建设，增强国防实力，保障改革开放和经济建设顺利进行。

建立社会主义市场经济体制的具体举措也亮点纷呈——

1993年12月15日，国务院作出关于实行分税制财政管理体制的决定。通过金融体制改革，确立中国人民银行作为独立执行货币政策的中央银行的宏观调控体系；实行政策性银行与商业银行分离的金融组织体系。

1994年7月18日，《国务院关于深化城镇住房制度改革的决定》出台，这个决定明确城镇住房制度改革的基本内容，其中包括把住房实物福利分配的方式改变为以按劳分配为主的货币工资分配方式、建立住房公积金制度等。这一决定的出台，开启了城镇住房商品化的大门，标志着我国全面推进住房市场化改革的确立，其最大意义在于建立与社会主义市场经济体制相适应的新的城镇住房制度，实现住房商品化、社会化，改善居住条件，满足城镇居民不断增长的住房需求。

经济发展、社会进步，归根结底要靠科技进步和人民素质的提高。1985年3月13日，党作出《中共中央关于科学技术体制改革的决定》。这一改革政策的颁布极大地促进了我国经济和科技的结合以及由此而生的中国多领域跨越式进步。1988年9月5日，邓小平在会见捷克斯洛伐克总统胡萨克时指出："依我看，科学技术是第一生产力。"① 1995 年 5 月，中共中央、国务院发布《中共中央国务院关于加速科学技术进步的决定》，动员全党和全社会实施科教兴国战略，加速全社会科技进步，全面落实"科学技术是第一生产力"伟大思想。这一决定是党中央和国务院总结历史经验，根据世界发展形势和中国现实情况所作出的重大部署，也标志中国正式提出了科教兴国战略。在这一战略的指引下，我们把科技和教育摆在经济、社会发展的重要位置，增强国家的科技实力及向现实生产力转化的能力，提高全民族的科技文化素质，把经济建设转移到依靠科技进步和提高劳动者素质轨道上来，加速实现建设富强、民主、文明的社会主义现代化国家的目标。

1996 年 12 月 1 日，中国开始接受国际货币基金组织协定第八条款，实行人民币经常项目下的可兑换。提前达到国际货币基金组织协定第八条款的要求，标志着中国外汇管理体制改革取得重大进展。这一改革是我国社会主义市场经济体制的必然要求，为恢复我国关贸总协定缔约国地位创造了有利条件，同时更是促进外汇体制改革和金融体制改革的必要准备。

⋯⋯⋯⋯

总之，党的十四大至党的十五大这五年间，我们抓住机遇、深化改革、扩大开放、促进发展、保持稳定，物质文明和精神文明建设全面推进。我国的社会生产力、综合国力和人民生活水平，又上了一个新的台阶。从 1992 年到 1996 年，国内生产总值

---

① 《邓小平文选》第三卷，人民出版社 1994 年版，第 274 页。

年均增长 12.1％，既实现了经济快速增长，又有效抑制了通货膨胀，避免了大起大落。[①] 经济结构调整取得明显进展。农业得到加强，粮食等农产品稳定增长。水利、交通、通信等基础设施和钢铁、能源等基础工业迅速发展。东部地区经济快速增长，中西部地区经济发展加快。"八五"计划胜利完成，"九五"计划的实施有了良好开端。

大河有水小河满。这五年间，人民生活水平也显著提高。从 1992 年到 1996 年，国内生产总值年均增长 12.1％，城镇居民人均生活费收入年均实际增长 7.2％，农村居民人均纯收入年均实际增长 5.7％，是增长最快的时期之一；全国农村贫困人口减少了 3200 万。[②] 市场商品丰富，人民的衣食住用行条件明显改善。城乡居民储蓄大幅度增长。

区旗国旗共今夜，紫荆花开更鲜艳。1997 年 6 月 30 日午夜至 7 月 1 日凌晨，中英两国政府香港政权交接仪式在香港隆重举行。1 时 30 分，中华人民共和国香港特别行政区成立暨特区政府宣誓就职仪式在香港会议展览中心新翼七楼隆重举行。

香港回归祖国，洗雪了中华民族的百年屈辱，让在小康道路上奋进的中国人民更加自豪，也为即将召开的党的十五大献上了一份厚礼。

这些成绩的取得，离不开党的坚强领导，也离不开每一位共产党员的无私奉献。

---

① 桑玉成、袁峰：《世纪之交的中国政治发展》，中国社会科学网 2016 年 8 月 25 日。
② 贾亮：《中国特色社会主义进入了新的发展阶段》，中国社会科学网 2017 年 8 月 8 日。

优秀共产党员包起帆是一名从码头工人成长起来的教授级高级工程师。他长期在港口生产一线从事物流工程的研发工作，是党的十四大至十七大代表，被授予"全国优秀共产党员""全国劳动模范"等荣誉称号，被评为全国道德模范。

早在 20 世纪 80 年代，包起帆就结合港口生产实际，开展新型抓斗及工艺系统的研发，创造性地解决了一批关键技术难题，被誉为"抓斗大王"。

在 1981 年这一年里，他目睹了三名工人兄弟死于木材装卸，三个人的年龄加起来还不到 80 岁。朴素的工人兄弟间的情感使包起帆强烈地感受到，要靠自己的科学文化知识把工人兄弟的生命从虎口中夺回来。其实那时候，包起帆对抓斗一窍不通。面对重重困难，他顾不得自己的家庭，顾不得刚出世不久的孩子，日夜待在码头上做实验，不上工的时候就去图书馆查阅资料。

在同志们的支持下，包起帆经过将近三年的艰难攻关，克服了无数的困难，终于在码头上建成了一套完整的木材抓斗装卸工艺系统。从此以后，码头再也不需要一个工人下船舱用人力去捆扎木材了，因此再也没发生过一起重大伤亡事故，装卸效率也提高了 2.67 倍。木材抓斗的革新成功引起了港口同行的广泛关注。

木材抓斗初战告捷后，包起帆又把目光瞄准了"铁老虎"——那时用人力在船上搬生铁、卸废钢，工人常常累得爬不上船舱，由于作业时灰尘很大，人在舱口一露脸，只见两只眼珠是白的，周身一片乌黑。

为了从根本上改变这种状况，包起帆又发明了"单索生铁抓斗""异步启闭废钢块料抓斗""新型液压抓斗"等。他的这些创新和发明都是紧紧围绕着码头装卸生产第一线的薄弱环节而搞的。哪里不安全，哪里效率低，哪里成本高，他和他的同事们就在哪里动脑筋、搞创新。这些成果创造性地解决了一批关键技术难题，从而改变了我国港口木材、生铁、废钢等货物装卸工艺的落后状况，其科技成果还实现了产业化，不仅在国内 20 多个行业 1000 多个企业得到广泛推广应用，还批量出口达 20 多个国家和地区，累计为国家创造了四亿多元的经济效益。

1996 年，包起帆同志调任龙吴港务公司当经理。当时，龙吴公司是一个比较困难的单位——码头在黄浦江上游，货船从长江口到龙吴码头要逆水上行六个小时，很多船公司担心成本太高，不愿将船靠泊在那里。有时候，码头两三天也等不来一条船，最长的一次一个星期没有一条大船。而一天的空耗成本就是 30 多万元。包起帆认为，创新是龙吴码头唯一的出路。

包起帆和码头领导班子成员们把目标瞄准了小件杂货的集装箱化和散货的专业化革新。外贸运输集装箱化早已风行国际航运界。由于当时的客观原因，龙吴码头却无法承揽外贸集装箱业务。而那时国内贸易的运输方式主要是散货模式和小件杂货模式。中国是个大市场，江河湖海，内需旺盛，可以建立内贸集装箱运输模式。包起帆和他的同事们心中明白，这一创新是空前的，所面临的困难同样是空前的。熟悉码头运输的人都知道，就像飞机运输起码需要两个机场一样，集装箱运输至少需要两个以上的港口才能开设运输航线，同时还需要建立相应的集装箱装卸系统，具有集装箱装卸的设备和人才。但这些条件当时都不具备，要突破，谈何容易。

建立内贸集装箱运输模式的方案一出台，包起帆就四处奔波，努力争取有关领导部门的支持。同时他还寻找船舶运输公司、货主和码头的合作。在交通部和港航单位的支持下，1996 年 12 月 15 日，中国水运史上第一条内贸标准集装箱航线在上海龙吴码头开通。

1996 年，包起帆开辟了中国首条内贸标准集装箱航线，至今全国港口内贸集装箱年吞吐量已达 1000 万箱，其创新举措引发了中国内贸水运工艺的重大变革，成为同行公认的开拓者。

进入 21 世纪，包起帆焚膏继晷，夜以继日地在科技创新的道路上继续奋进，为建设小康社会贡献出了自己的智慧和汗水——他又领军发明了在国际上被誉为"人类运输方式革命"的集装箱电子标签系统。他提出并在世界上首次实现了公共码头与大型钢铁企业间无缝隙物流配送新模式……

包起帆在科技领域取得了重要的成就，却始终保持了一位共产党员的本色，并做到了淡泊名利、无私奉献。

他是上海最早获得国家级专家津贴的技术人员，从拿津贴的第一个月开始，他就把津贴全部送给生活困难的同事。从 1981 年取得革新成果开始，他就给自己立下一个规矩：不管国家级的、省部级的，还是局级的，奖金的绝大部分要分给团队同志，属于他个人的奖金要全部送给企业伤残、困难职工，这充分体现了一个优秀共产党员的崇高人生境界。

可以说，正是无数个包起帆式的优秀共产党员的奉献精神，才汇聚成了推动小康社会不断取得新成绩的不竭动力。

冲刺新目标

1997 年党的十五大至 2002 年党的十六大召开的五年间，我们建设小康社会的步伐迈得更加坚实。

2002 年，党的十六大报告指出："人民生活总体上实现了由温饱到小康的历史性跨越。"在完成了前两步战略目标，达到总体小康以后，第三步应该怎么走？邓小平同志并没有设计出具体的步骤。1987 年 4 月 30 日，邓小平同志会见西班牙工人社会党副总书记、政府副首相格拉时指出："现在我们可以说，第一步的原定目标可以提前在今年或者明年完成。这并不意味着第二步就很容易。看起来，第二步的目标也能完成，但第三步比前两步要困难得多。已经过去的八年多证明，我们走的路是对的。但要证明社会主义真正优越于资本主义，要看第三步，现在还吹不起这个牛。"①

第三步的战略目标的部署，是一个循序渐进的过程。1997 年 9 月，江泽民同志在党的十五大报告中首次提出 21 世纪初开始"进入和建设小康社会"，并对第三步战略目标作出了具体部署："展望下个世纪，我们的目标是，第一个十年实现国民生产总值比 2000 年翻一番，使人民的小康生活更加宽裕，形成比较完善的社会主义市场经济体制；再经过十年的努力，到建党一百年

---

① 《邓小平文选》第三卷，人民出版社 1994 年版，第 226—227 页。

时，使国民经济更加发展，各项制度更加完善；到世纪中叶建国一百年时，基本实现现代化，建成富强民主文明的社会主义国家。"

进入 21 世纪，我们面临着严峻的挑战，更面临着前所未有的有利条件和大好机遇——国际竞争日趋激烈，经济、科技上同发达国家的差距给我们带来很大压力，我们自身还有许多困难。但同时我们也面临许多重大机遇：第一，和平与发展已成为时代的主题，世界格局正在走向多极化，争取较长时期的国际和平环境是可能的。世界范围内科技革命突飞猛进，经济继续增长。这为我们提供了有利的外部条件。第二，我国已经形成可观的综合国力，改革开放为现代化建设创造了良好的体制条件，开辟了广阔的市场需求和资金来源，亿万人民新的创造活力进一步发挥出来。第三，更重要的是，我们党确立起已被实践证明是正确的建设有中国特色社会主义的基本理论和基本路线。

这些都是当时拥有而过去不曾或不完全具备的条件。

这五年，我们紧紧抓住有利条件，努力克服困难，紧紧围绕党在十五大提出的第三步战略目标，统一思想，扎实工作，建设小康社会取得了新的重大的历史性成就。

为贯彻十五大精神，中央先后召开七次全会，分别就农业和农村工作、国有企业改革和发展、制定"十五"计划、加强和改进党的作风建设等重大问题，作出决定和部署。

这五年，我们走过了很不平凡的历程，在改革发展稳定、内政外交国防、治党治国治军各方面都取得了巨大成就。

国民经济持续快速健康发展。我们实施扩大内需的方针，适时采取积极的财政政策和稳健的货币政策，克服亚洲金融危机和世界经济波动的不利影响，保持了经济较快增长。经济结构战略性调整取得成效，农业的基础地位继续加强，传统产业得到提升，高新技术产业和现代服务业加速发展；建设了一大批水利、交通、通信、能源和环保等基础设施工程；西部大开发取得重要进展；经济效益进一步提高，财政收入不断增长；"九五"计划胜利完成，"十五"计划开局良好。

改革开放也取得丰硕成果。这一时期，社会主义市场经济体制初步建立；公有制经济进一步壮大，国有企业改革稳步推进；个体、私营等非公有制经济较快发展；市场体系建设全面展开，宏观调控体系不断完善，政府职能转变步伐加快；财税、金融、流通、住房和政府机构等改革继续深化；开放型经济迅速发展，商品和服务贸易、资本流动规模显著扩大；国家外汇储备大幅度增加。

此外，五年间社会主义民主政治和精神文明建设继续取得显著成效，人民解放军的革命化现代化正规化建设继续加强，祖国统一大业和对外工作开创新局面，我国的国际地位有了进一步提高……

这五年，人民生活总体上达到小康水平。城乡居民收入稳步增长。城乡市场繁荣，商品供应充裕，居民生活质量提高，衣食住用行都有较大改善。社会保障体系建设成效明显。"八七"扶贫攻坚计划基本完成。数字是成绩的最好证明。2000 年 11 月，

国家统计局发布《中国小康进程综合分析》报告：全国 74.84％
人口达到小康水平，12.82％接近小康水平，12.34％离小康还有
较大差距。分析报告所依据的小康标准，包括经济水平、物质生
活、人口素质、精神生活、生活环境五个方面，16 项指标。2001
年，我国国内生产总值达到 95933 亿元，比 1989 年增长近两倍，
年均增长 9.3％，经济总量居世界第六位。人民生活总体上实现
了由温饱到小康的历史性跨越。[①]

同时，我们在经济发展的多个关键点上也实现了突破——

1998 年，我们启动了新一轮政府机构改革。这次政府机构改
革是改革开放以来国务院继 1982—1983 年改革、1987—1988 年
改革、1993—1996 年改革之后进行的第四次机构改革。这次机构
改革，按照社会主义市场经济的要求，根据政企分开、依法行政
和精简、统一、效能的原则，建立了办事高效、运转协调、行为
规范、适应社会主义市场经济体制的行政管理体系，为加速小康
建设提供了重要机构体制保障。

小康建设，全国一盘棋。1999 年 3 月 22 日，《国务院关于进
一步推进西部大开发的若干意见》提出了进一步推进西部大开发
的十条意见。西部大开发战略的提出和实施，有利于培育全国统
一市场，完善社会主义市场经济体制；有利于推动经济结构的战
略性调整，促进地区经济协调发展；有利于扩大国内需求，为国
民经济增长提供广阔的发展空间和持久的推动力量；有利于改善

[①] 陈枫：《黑龙江垦区率先实现农业现代化的时代背景和现实意义》，《行政论坛》2003 年
第五期。

全国的生态状况，为中华民族的生存和发展创造更好的环境；有利于进一步扩大对外开放，用好国内外两个市场、两种资源，对于完成第三步战略目标，具有重大的经济、社会和政治意义。

全球化不可阻挡。2001年，中国正式成为世界贸易组织成员。

这一身份的取得来之不易。

世界贸易组织（WTO）的前身是1948年成立的关贸总协定（GATT），是当今世界上最重要的国际经济组织之一。从1986年起，我国为恢复关贸总协定的缔约国地位、1995年后为加入世界贸易组织与美欧等主要缔约方进行了长达15年的艰苦谈判。2001年9月13日，中国全部完成了与世贸组织138个成员中向中国提出谈判要求的36个成员的双边市场准入谈判。11月10日，在卡塔尔多哈举行的世界贸易组织第四届部长级会议通过了中国加入世贸组织一揽子法律文件。12月11日起，中国成为世贸组织正式成员。

中国加入世贸组织，给中国国际经济合作和中国经济发展带来深刻的变化和影响。从全球范围来说，中国的经济发展和国际经济合作将会面临更好的国际环境；在国内来看，中国将朝着建立一个更加符合社会主义市场经济的体制环境和更加开放的政策环境的方向前进。中国将享受多边贸易体系多年来促进贸易自由化的成果，享受多边的、稳定的、无条件的最惠国待遇，中国享受的权利有助于中国商品进入国际市场。但是，"入世"也给中国政府和企业带来挑战，对政府加快转换职能，依法行政，企业提高技术水平，加快结构调整，提高企业管理水平提出了新要求。总之，加入世界贸易组织，也标志着中国对外开放由此进入了一个新的发展阶段。

　　…………

　　五年间，党的建设为建设小康社会持续发力。党的十五大确立邓小平理论为党的指导思想，这是我党又一次伟大理论创新。党的思想、组织、作风建设全面推进，思想政治工作得到加强，干部制度改革迈出新步伐。廉政建设和反腐败斗争深入开展，取得新的明显成效。广大党员干部始终加强党性锻炼，在各条战线上无私无畏奉献，为第三步战略目标的实现贡献了新的力量。

　　乌鲁木齐市公安局天山分局西门派出所教导员赵新民就是这样一位优秀的共产党员。

　　赵新民出生于1956年2月13日，是山西省文水县人。他于1976年11月参加公安工作，1990年12月加入中国共产党，生前是乌鲁木齐市公安局天山分局西门派出所教导员，二级警督警衔。在参加公安工作的26年中，赵新民忠于职守、秉公执法，身先士卒、冲锋在前，先后参与破获多起刑事案件，为维护乌鲁木齐社会稳定作出了突出贡献。1976年至2001年间，他多次受到乌鲁木齐市公安局嘉奖并荣立三等功一次。

　　1994年初，赵新民带队抓捕一名犯罪分子。当时情况紧急，民警们防弹衣没带够，赵新民把防弹衣给战友穿上，自己不顾危险，率先冲入歹徒窝点。

　　面对犯罪分子，赵新民"骨头硬"是出了名的。曾有被他抓获的犯罪嫌疑人威胁他："你小心点，总有一天我要报仇。"赵新民正色回答："我也告诉你，怕死我就不会当警察！"

2002年2月1日11时许，一名歹徒身绑炸药，在人流集中的闹市区企图制造事端。接警后，赵新民带领民警迅速赶赴现场。面对穷凶极恶的歹徒，他毫无惧色，沉着应对。

关键时刻，赵新民奋不顾身地堵住歹徒的去路，歹徒突然引爆了炸药。当日14时55分，赵新民因伤势过重，经全力抢救无效，壮烈牺牲。

赵新民用生命践行了人民警察忠于党、忠于祖国、忠于人民、忠于法律的誓言。2002年3月21日，公安部授予赵新民全国公安系统"一级英模"称号；2002年3月25日，乌鲁木齐市委追授他"优秀共产党员"；2002年5月20日，新疆维吾尔自治区人民政府授予他"革命烈士"称号。

赵新民无私奉献的英雄精神和爱民为民的情怀，激励着一批又一批战友们为了维护社会稳定不懈奋斗，激励着全体共产党员为了人民的幸福安康继续前进！

第四章

大机遇：把握新世纪新阶段
重要战略机遇期
（2002—2012 年）

"察势者智，驭势者赢。"有没有强烈的机遇意识，能不能珍惜时机、把握时机，并把它变为自觉而得力的行动，是对一个政党执政能力的严重考验。

　　进入21世纪，国际局势风云变幻，世界正在发生广泛而深刻的变化，综合国力竞争空前激烈，中国正在发生广泛而深刻的变革。新阶段综合判断国际国内形势，以胡锦涛同志为总书记的新一代中央领导集体以世界眼光和战略思维审慎研判，我国发展仍处于可以大有作为的重要战略机遇期，提出全党要增强机遇意识和忧患意识，科学把握发展规律，主动适应环境变化，有效化解各种矛盾，更加奋发有为地推进我国改革开放和社会主义现代化建设，为全面建成小康社会打下具有决定性意义的基础。

　　"十年生聚，十年教训。"党的十六大和十七大这十年间，我们紧紧抓住和利用好我国发展的重要战略机遇期，全面建设小康社会取得了世人瞩目的伟大业绩。我国经济总量从世界第六位上升到第二位，社会生产力、经济实力、科技实力迈上一个大台阶，人民生活水平、居民收入水平、社会保障水平迈上一个大台阶，综合国力、国际竞争力、国际影响力迈上一个大台阶，国家面貌发生新的历史性变化。人们公认，这是我国经济持续发展、民主不断健全、文化日益繁荣、社会保持稳定的时期。

　　可以说，这十年，为全面建成惠及十几亿人口的更高水平的小康社会打下更加牢固的基础，完成时代赋予的崇高使命，极大地增强了中国人民和中华民族的自豪感和凝聚力！

一、新世纪新阶段新机遇

（2002—2007 年）

进入 21 世纪，国际局势继续发生深刻变化。世界多极化和经济全球化的趋势在曲折中发展，科技进步日新月异，综合国力竞争日趋激烈。同时，不公正不合理的国际政治经济旧秩序没有根本改变。影响和平与发展的不确定因素在增加，传统安全威胁和非传统安全威胁的因素相互交织，霸权主义和强权政治有新的表现，民族、宗教矛盾和边界、领土争端导致的局部冲突时起时伏，南北差距进一步扩大，人类面临着许多严峻挑战。

察势者智，驭势者赢

形势逼人，不进则退。新世纪新阶段，我们深刻认识到，必须直面机遇和挑战，继续深入推进建设小康社会大业。

因为，逆水行舟，不进则退，发展的奇迹并不会自动延续。

事实上，发展奇迹的延续，从来都离不开改革者对时代大势的洞察与把握。

把握机遇，历来是战略家们关注的中心。历史上叱咤风云的政治家、事业家、改革家，都是很善于把握机遇的。

邓小平同志南方谈话中指出："抓住时机，发展自己，关键是发展经济。现在，周边一些国家和地区经济发展比我们快，如果我们不发展或发展得太慢，老百姓一比较就有问题了。所以，能发展就不要阻挡，有条件的地方要尽可能搞快点，只要是讲效益，讲质量，搞外向型经济，就没有什么可以担心的。低速度就等于停步，甚至等于后退。要抓住机会，现在就是好机会。我就担心丧失机会。不抓呀，看到的机会就丢掉了，时间一晃就过去了。"[①] 1993 年春节，他在上海又强调："希望你们不要丧失机遇。对于中国来说，大发展的机遇并不多。"[②]

亮丽的成绩单

面对复杂多变的国际环境和艰巨繁重的改革发展任务，以胡锦涛同志为总书记的新一届中央领导集体要求，全党要紧紧抓住本世纪头二十年重要战略机遇期，全面建设惠及十几亿人口的更高水平的小康社会。

为此，2002 年 11 月，党的十六大立足于我国已经解决温饱、人民生活总体达到小康水平的基础，进一步提出了全面建设小康社会的构想，即在 20 世纪头二十年，集中力量，全面建设惠及十几亿人口的更高水平的小康社会，使经济更加发展、民主更加健全、科教更加进步、文化更加繁荣、社会更加和谐、人民生活更加殷实。经过这一阶段的建设，再继续奋斗几十年，到本世纪中叶基本实现现代化，把我国建设成为富强、民主、文明的社会主义现代化国家。全面建设小康社会的阶段，是实现现代化建设第三步战略目标必经的承上启下的发展阶段，提出这一奋斗目标完全符合我国国情和现代化建设的实际。为这一目标而奋斗也就是为实现共产主义远大理想准备物质和精神条件。

全面建设小康社会的具体目标是：

---

① 《邓小平文选》第三卷，人民出版社 1994 年版，第 375 页。
② 陆宇澄：《抓住机遇，扩大对外开放》，《学习与研究》1993 年第 11 期。

在优化结构和提高效益的基础上，国内生产总值到 2020 年力争比 2000 年翻两番，综合国力和国际竞争力明显增强。基本实现工业化，建成完善的社会主义市场经济体制和更具活力、更加开放的经济体系。城镇人口的比重较大幅度提高，工农差别、城乡差别和地区差别扩大的趋势逐步扭转。社会保障体系比较健全，社会就业比较充分，家庭财产普遍增加，人民过上更加富足的生活。

社会主义民主更加完善，社会主义法制更加完备，依法治国基本方略得到全面落实，人民的政治、经济和文化权益得到切实尊重和保障。基层民主更加健全，社会秩序良好，人民安居乐业。

全民族的思想道德素质、科学文化素质和健康素质明显提高，形成比较完善的现代国民教育体系、科技和文化创新体系、全民健身和医疗卫生体系。人民享有接受良好教育的机会，基本普及高中阶段教育，消除文盲。形成全民学习、终身学习的学习型社会，促进人的全面发展。

可持续发展能力不断增强，生态环境得到改善，资源利用效率显著提高，促进人与自然的和谐，推动整个社会走上生产发展、生活富裕、生态良好的文明发展道路。

一个国家的发展蓝图，一个民族的富强梦想，总会在历史的重要时刻显示出特别的意义。

这次大会确立的全面建设小康社会的目标，是中国特色社会主义经济、政治、文化全面发展的目标，是与加快推进现代化相统一的目标，符合我国国情和现代化建设的实际，符合人民的愿望，意义十分重大。

为完成新世纪新阶段的这个奋斗目标，我们党提出，发展要有新思路，改革要有新突破，开放要有新局面，各项工作要有新举措。

为了坚决贯彻党的十六大精神，各地各部门从实际出发，采取切实有效的措施，努力实现这个目标，全面建设小康社会取得了重大成就——

经济实力大幅提升。经济保持平稳快速发展，国内生产总值年均增长 10％以上，经济效益明显提高，财政收入连年显著增加，物价基本稳定。社会主义新农村建设扎实推进，区域发展协调性增强。创新型国家建设进展良好，自主创新能力较大提高。能源、交通、通信等基础设施和重点工程建设成效显著。载人航天飞行成功实现。能源资源节约和生态环境保护取得新进展。"十五"计划胜利完成，"十一五"规划进展顺利。

改革开放取得重大突破。农村综合改革逐步深化，农业税、牧业税、特产税全部取消，支农惠农政策不断加强。国有资产管理体制、国有企业和金融、财税、投资、价格、科技等领域改革取得重大进展。非公有制经济进一步发展。市场体系不断健全，宏观调控继续改善，政府职能加快转变。进出口总额大幅增加，实施"走出去"战略迈出坚实步伐，开放型经济进入新阶段。

人民生活显著改善。城乡居民收入较大增加，家庭财产普遍增多。城乡居民最低生活保障制度初步建立，贫困人口基本生活得到保障。居民消费结构优化，衣食住行用水平不断提高，享有的公共服务明显增强。

民主法制建设取得新进步。政治体制改革稳步推进。人民代表大会制度、中国共产党领导的多党合作和政治协商制度、民族区域自治制度不断完善，基层民主活力增强。人权事业健康发展。爱国统一战线发展壮大。中国特色社会主义法律体系基本形成，依法治国基本方略切实贯彻。行政管理体制、司法体制改革不断深化。

文化建设开创新局面。社会主义核心价值体系建设扎实推进，马克思主义理论研究和建设工程成效明显。思想道德建设广泛开展，全社会文明程度进一步提高。文化体制改革取得重要进展，文化事业和文化产业快速发展，人民精神文化生活更加丰富。全民健身和竞技体育取得新成绩。

社会建设全面展开。各级各类教育迅速发展，农村免费义务教育全面实现。就业规模日益扩大。社会保障体系建设进一步加强。抗击"非典"取得重大胜利，公共卫生体系和基本医疗服务不断健全，人民健康水平不断提高。社会管理逐步完善，社会大局稳定，人民安居乐业。

此外，国防和军队建设取得历史性成就，中国特色军事变革加速推进。港澳工作和对台工作进一步加强。全方位外交取得重大进展，为全面建设小康社会争取了良好国际环境。

这些成绩来之不易。为了这份亮丽的成绩单，我们谋划了许多全面建设小康社会的重大具体举措——

为了进一步推进资本市场发展，2004年1月31日，《关于推进资本市场改革开放和稳定发展的若干意见》（简称"国九条"）颁布。

这个意见全文约5000字。

5000字说长不长，说短不短。

5000字尺幅之间，凝聚了我们对进一步发展资本市场的殷殷期望。

这是自 1992 年 12 月 17 日国务院 68 号文件①下发以来，作为中国最高行政机构的国务院首次就发展资本市场的作用、指导思想和任务进行全面明确的阐述。

消息传出，业界一片欢欣鼓舞。

显而易见，"国九条"对发展资本市场的政策措施进行整体部署具有重要的现实意义和深远的历史意义。

之后，相关部门出台的一系列政策，都以此为核心和出发点，"国九条"成为名副其实的证券市场的纲领性文件。

农业兴，基础牢；农村稳，天下安；农民富，国家昌。对"三农"工作的重视，是我们党的一贯传统。

2005 年 10 月 11 日，党的十六届五中全会通过《中共中央关于制定国民经济和社会发展第十一个五年规划的建议》，明确了今后五年我国经济社会发展的奋斗目标和行动纲领，提出了建设社会主义新农村的重大历史任务，为做好当前和今后一个时期的"三农"工作指明了方向。

这是党中央统揽全局、着眼长远、与时俱进作出的重大决策，是一项不但惠及亿万农民，而且关系国家长治久安的战略举措，是我们在当前社会主义现代化建设的关键时期必须担负和完成的一项重要使命。

全面建设小康社会，不能让一个地区落下。

我国的中部地区是一个承接东西部的特殊地区。中部地区包括山西、安徽、江西、河南、湖北、湖南中部六省，国土面

---

① 国发〔1992〕68 号文《国务院关于进一步加强证券市场宏观管理的通知》。

积 102.75 万平方公里，占全国比重 10.7%，2003 年底总人口 36310 万人，占全国比重 28.1%，2003 年 GDP 共 6348 亿元，占全国比重 22.8%。

可以说，没有中西部的崛起，就不会是完整意义的全面小康建设。

2006 年 4 月，《中共中央国务院关于促进中部地区崛起的若干意见》出台。这个意见包括 36 条政策措施，提出要把中部建成全国重要的粮食生产基地、能源原材料基地、现代装备制造及高技术产业基地以及综合交通运输枢纽。

这是继东部沿海开放、西部大开发和振兴东北等老工业基地之后又一重要的国家经济发展战略。

在中部崛起战略的指引下，中部六省结合各自实际，积极探索快速崛起之路。

历史活动是群众的事业，群众是历史的主人。代表最广大人民群众的根本利益，是无产阶级政党的本质特征，是无产阶级政党区别于其他政党的显著标志。中国共产党把全心全意为人民服务作为党的宗旨，把实现和维护最广大人民群众的利益作为一切工作的根本出发点。

同样，全面建设小康社会，必须依靠人民，服务人民。为了维护国家基本经济制度，维护社会主义市场经济秩序，明确物的归属，发挥物的效用，保护权利人的物权，保护人民利益，促进在法制的轨道上全面建设小康社会，2007 年 10 月 1 日起，我们正式施行了《中华人民共和国物权法》。

物权法分五编，共 19 章 247 条，内容非常丰富。它是我国社会主义法律体系中的一部基本法律，关系着坚持和完善国家基本经济制度、完善社会主义市场经济体制、实现和维护最广大人民的根本利益等重大问题。物权法的制定和实施，充分体现了我们党"发展依靠人民、发展为了人民、发展成果由人民共享"的一贯思想，具有重大的现实意义和深远的历史意义。

2003 年，一场简称为"非典"的突如其来的自然灾害严重干扰了我们全面建设小康社会的步伐。

非典型性肺炎，又称严重急性呼吸综合征，是一种因感染非典型性肺炎相关冠状病毒而导致的急性呼吸系统疾病，简称"非典"。非典型性肺炎主要临床表现为发热、寒战、干咳、呼吸困难，严重者出现快速进展的呼吸系统衰竭和死亡。

2002 年末至 2003 年初，急性传染性非典型肺炎开始在我国广东地区流行，由于传染性强，加之公众当时还不了解此病及其致病根源，没有针对此病的有效药物，导致疫情很快就在国内其他省份蔓延，并迅速波及我国港澳台地区和世界其他国家及地区。

据原卫生部新闻办公室通报，自 2002 年末至 2003 年 8 月 16 日 10 时，我国内地累计报告非典型肺炎临床诊断病例 5327 例，治愈出院 4959 例，死亡 349 例（另有 19 例死于其他疾病，未列入非典病例死亡人数中）。

非典型性肺炎是一场没有硝烟的战争，严重威胁了公众的身体健康和社会发展，对我国全面建设小康事业造成重大影响。面对严重疫情，党中央、国务院果断采取了一系列重大决策和部署，全国人民万众一心，众志成城，同这一突发性重大灾害进行了英勇、顽强的斗争，谱写了一曲又一曲感人肺腑、催人奋进的赞歌，终于取得了抗击非典战役的伟大胜利。

…………

这些成就的取得，这些重大方略的贯彻执行，这些重大困难的克服，离不开十六大以来党的执政能力建设和先进性建设，也离不开新世纪每一位共产党员的无私奉献。

最美奋斗者

党的十六大以来五年间，我们以邓小平理论和"三个代表"重要思想为指导，顺应国内外形势发展变化，抓住重要战略机遇期，发扬求真务实、开拓进取精神，坚持理论创新和实践创新，着力推动科学发展、促进社会和谐。党的十六大以来的五年间，党的执政能力建设和先进性建设深入进行，理论创新和理论武装卓有成效，保持共产党员先进性教育活动取得重大成果，党内民主不断扩大，领导班子和干部队伍建设特别是干部教育培训取得重要进展，党风廉政建设和反腐败斗争成效明显，党的创造力、凝聚力、战斗力明显增强，在全面建设小康社会的光辉篇章上写就了浓墨重彩的一笔。

任长霞同志，就是为小康征程保驾护航而不幸因公殉职的一位优秀共产党员。

任长霞生于 1964 年，河南省商丘市睢县人，出生在一个工人家庭。1983 年 10 月，从河南省人民警察学校毕业后分配到郑州市公安局中原分局工作，1992 年 12 月加入中国共产党。

工作期间，任长霞同志用自己的毕生心血忠实地履行了"立警为公、执法为民"的神圣职责。荣立个人一、二等功各一次，三等功四次，荣获全国五一劳动奖章、中国十大女杰、全国三八红旗手、全国青年岗位能手、全国优秀人民警察等各种荣誉称号

40 余次。

任长霞同志从事预审工作 13 年，协助破获了大案要案 1072 起，追捕犯罪嫌疑人 950 人。1998 年被任命为郑州市公安局技侦支队支队长后，她多次深入虎穴，先后打掉了七个涉黑团伙，抓获犯罪嫌疑人 370 多名，被誉为"女神警"。2001 年，她调任登封市公安局局长，解决了十多年来的控申积案，共查结控申案件 230 多起。她带领全局民警共破获各种刑事案件 2870 多起，抓获犯罪嫌疑人 3200 余人。

刚调任登封市公安局局长时，任长霞面临的形势非常艰难：民警队伍涣散、积案堆积如山、群众怨声不断、行风评议年年倒数第一。她深入基层调查摸底，跑遍了登封 17 个乡镇区派出所，找到了这些问题的症结所在。在整顿队伍、严肃警风的同时，任长霞将全部精力集中到了破大案、破积案，打响了一场又一场攻坚战。"4·18"大冶镇火石岭村绑架案等一系列大要案纷纷告捷。

任长霞始终把人民群众的疾苦和安危放在心上。她第一次接访就接待了 124 批群众，工作到晚上 11 点多。她和群众心连心，在接近群众、倾听群众呼声的同时，也收集到了很多破案的线索。

2002 年 1 月，任长霞向民警发出倡议，在全局开展了"百名民警救助百名贫困学生"活动。全市有 126 名贫困学生得到了救助，重新回到了课堂。孩子们都亲切地称任长霞为"任妈妈"。

作为一名女公安局长，任长霞集警察的威严和女性的温柔于一身，尤其对被人们视为弱势群体的妇女、儿童，她更是事必躬亲、关怀备至。为最大限度地保护妇女儿童的合法权益，她先后组织开通了"110"反家庭暴力服务台、设立了妇女维权示范中队、成立了多警种联动、相互协作、共同作战，全方位、多层次、多渠道的快速反应机制。

任长霞也有美满家庭。她爱丈夫、爱儿子，但不能享受天伦；孝敬父母，但不能床前尽孝。每当想到患病瘫痪在床的父亲那痛苦的呻吟，看到儿子那殷殷期待的目光，想起丈夫对她工作无言的支持，她常常深感内疚。为确保全市人民度过每一个祥和安宁的节日，任长霞总是无暇回家，给上访老户送米面，到几十名业务骨干家中拜年，在街面上查看执勤情况。

2004年4月14日晚8时40分，时任登封市公安局长的任长霞在侦破"1·30"案件途中遭遇车祸不幸因公殉职，年仅40岁。6月，任长霞被公安部追授为全国公安系统一级英雄模范称号。2018年12月18日，荣获改革开放40周年政法系统新闻影响力人物。2019年9月25日，入选"最美奋斗者"名单。

任长霞把生命最壮丽的一刻留在了嵩岳大地，用自己的一腔热血捍卫了一方平安，用自己的模范行动在百姓心中树起了丰碑，展现了一名共产党员的崇高精神境界，谱写了人民警察忠于党、忠于人民、忠于法律的壮烈诗篇。

和任长霞一样，牛玉儒也是新时期小康征程中涌现出的一位优秀党员领导干部。

牛玉儒，蒙古族，1952年出生于内蒙古自治区通辽市一个蒙古族革命干部家庭，历任内蒙古自治区政府秘书长兼办公厅主任、包头市长、内蒙古自治区副主席、呼和浩特市委书记等职。

不论职位如何变化，牛玉儒的心里总是装着人民群众的冷暖。

2001 年 2 月，牛玉儒在《内蒙古商报》上看到一篇报道，说呼和浩特市一个贫困家庭欠了债，上初中的孩子面临辍学。他当即拿出 1000 元钱，对身边工作人员说："你去找找这户人家，看看情况是否属实；如果属实，把钱给他们。就说是一个读者给的。"直到牛玉儒逝世，那家人也不知道钱是谁给的，因为工作人员只告诉他们"是一位好心人、一个读者给的"。

有一年农历腊月二十八，牛玉儒与呼和浩特市民政部门负责人踏雪走访贫困户，来到肢残老人孙震世的家。

当得知孙家为供养上大学的女儿已欠下两万多元的债，而且一直没有争取到助学贷款的情况后，牛玉儒当即带头并倡议随行的干部捐款。

掀开米缸、解开面袋，看到孙家存放的米、面不多，也没有电视，牛玉儒随即指示民政部门负责人展开调查，尽快摸清全市所有家里没有电视的贫困户数，并拨出专项资金统一购买电视机，节前送到每家每户。

临走时，他将 3000 元慰问金递到孙震世女儿的手中，并反复叮嘱她，要用这些钱好好置办年货，不要舍不得花。民政部门根据他的指示，赶在节前为全市近 500 户贫困户送去了电视机。

作为市领导，如何更好地服务一方百姓？在牛玉儒的倡导下，2000 年 11 月 18 日，包头市政府热线"12345"和市长电子信箱同时开通。平时从不爱题词的牛玉儒破例为政府热线题了词："要办，就一定要努力办好。"一个月后，他又到政府热线检查工作，并提出了明确要求，最重要的一条就是"要努力为老百姓办实事，解决他们的困难"。

有一年包头下了一场大雨，东河区有十多套改制企业职工的房屋因地势低而被水淹了，居民们情急之中给政府热线打电话。牛玉儒特别重视，责成政府"无论采取什么办法，都要解决这十多户居民的房子问题。如果你们实在办不了，一定要给我打电话"。并嘱咐要将处理情况向他汇报。

多少年来，牛玉儒为素不相识的人办过无数实事、好事，可他的五个兄妹当时仍在通辽老家，其中两个妹妹和妹夫都下了岗，姑父在通辽火车站靠蹬三轮车维持生计。他从未利用手中的权力为亲属安排或调动过工作。

妻子谢莉说，与牛玉儒携手相伴 25 年，总是聚少离多，待在一起的时间加起来还不到五年。他生命最后的 90 多个日夜，竟是夫妻相守最长的日子。牛玉儒曾这样安慰谢莉："请你多体谅我一点。等将来我退休了，一定在家陪你，给你做饭，干家务活儿……"

牛玉儒常对他的同事们说："我们必须以冲刺的状态迅速占领发展的制高点。"

"冲刺状态"是西部发展的客观要求，更是牛玉儒的精神特质与人生写照。

1996 年 5 月 3 日，包头发生 6.4 级地震。这场大地震给这座年轻的工业城市造成巨大破坏。包头市基础设施建设本来就有太多的"历史欠账"，加上地震的破坏，重建工作困难重重。

当年 11 月，牛玉儒任包头市代市长。他决心借灾后重建全面提升包头城市功能。他的足迹遍及包头市的各个角落，几乎每天一早都要到建设工程现场去走一圈，询问工程进展得怎么样了，存在哪些需要解决的问题。

多少事，从来急。

　　"风风火火"的牛玉儒急人民群众之所急。为满足重建家园集中供热、供气的需求，1997 年 5 月，包头市政府决定拨款建青山热源厂。当时按常规，建一个厂要一年时间。牛玉儒对时任包头市供热公司的经理说："能不能快一点建起来？但无论如何，质量和标准不能降低。"并且说"这是政治任务"。5 月 8 日，他亲自参加工程奠基仪式。在建设过程中，他隔不了几天就要打电话询问进展情况。在他的督促下，当年 10 月中旬，青山热源厂准时向市区供热，牛玉儒亲自执火点炉。

　　为了理清发展思路，牛玉儒非常注重调查研究。司机陈磊为牛玉儒开了 10 个月的车，这 10 个月是牛玉儒在工作岗位上的最后 10 个月，他整整跑了五万公里。

　　牛玉儒担任呼和浩特市委书记的时间只有 493 天，除了住院治疗的三个多月，竟有 200 天出差在外。

　　2004 年 4 月，牛玉儒在内蒙古医院就诊时发现患了结肠癌肝转移，需要到北京治疗。在京治病期间，他无时无刻不牵挂着呼和浩特的城市建设和经济发展。其间，他三次回呼和浩特参加会议、检查指导工程建设。

　　7 月 16 日，中共呼和浩特市委召开九届六次全体会议。为了在大会上发言，牛玉儒作了长时间的精心准备，并提前一天回到呼和浩特。由于多次化疗，他的身体非常虚弱，原来 2.9 尺的腰围"缩"成不到 2.3 尺。为了不让别人发现他体型的变化，他穿了好几件衣服。市委考虑到他的身体情况，本来只安排他讲话 40 分钟，可是，牛玉儒竟脱稿讲了两个多小时。

　　与会者被他充满激情的讲话和顽强毅力打动了，掌声一次又一次响起。

那天散会时，已是中午 12 点多。到家门口下车时，牛玉儒已无力站起来，司机陈磊搀扶着他才回到家。一到家，他就软软地倒在床上，连调整合适姿势的力气都没有了。

第二天，牛玉儒下午就要回北京接受治疗，上午还在工作——到城建委去听了整整一个上午的工作汇报。

住院期间，牛玉儒从不过多谈自己的病情，念念不忘的只有一个主题：城市建设和招商引资。每天除了与来看望他的人谈工作，就是打电话回呼和浩特安排布置工作。去世前几天，他还一再恳求大夫同意他回去参加 8 月 10 日自治区党委中心组集体学习会。最后，由于病情加重，他只好向会议提供多次修改过的发言稿。而直到去世的那一天，他也没有留下一句关于他自己和家人的话。

多少任长霞和牛玉儒等优秀共产党员，把自己毕生精力奉献给了党的事业，奉献给了自己所热爱的人民，他们是全面建设小康社会征程上永远的丰碑！

二、风景这边独好

（2007—2012 年）

2007 年 10 月党的十七大以来，我们坚持落实科学发展观，全力构建和谐社会。特别是 2008 年以后，我们科学判断、果断决策，采取一系列重大举措，在全球率先实现经济企稳回升，积累了有效应对外部经济风险冲击、保持经济平稳较快发展的重要经验。在抗击汶川特大地震等严重自然灾害和灾后恢复重建等工作中，广大党员干部坚定信心，埋头苦干，经受住严峻考验。党和人民战胜了一系列重大挑战，妥善处置一系列重大突发事件，巩固和发展了改革开放和社会主义现代化建设大局，不断夺取全面建设小康社会新胜利。

小康新蓝图

北京奥运会开幕前一年，2007 年 10 月，党的十七大胜利召开。

这次大会在党的十六大确立的全面建设小康社会目标的基础上，对我国的发展从经济、政治、文化、社会、生态等五个方面提出了新的更高的要求。

大会首次提出，确保到 2020 年实现全面建成小康社会的奋斗目标。

大会提出，我们必须适应国内外形势的新变化，顺应各族人民过上更好生活的新期待，把握经济社会发展趋势和规律，坚持中国特色社会主义经济建设、政治建设、文化建设、社会建设的基本目标和基本政策构成的基本纲领，在十六大确立的全面建设小康社会目标的基础上对我国发展提出新的更高要求。

具体来说，要增强发展协调性，努力实现经济又好又快发展；扩大社会主义民主，更好保障人民权益和社会公平正义；加强文化建设，明显提高全民族文明素质；加快发展社会事业，全面改善人民生活；建设生态文明，基本形成节约能源资源和保护生态环境的产业结构、增长方式、消费模式。循环经济形成较大规模，可再生能源比重显著上升。

这些新要求既与党的十六大确定的到2020年的奋斗目标具有连续性，又根据新的情况进一步丰富了全面建设小康社会的内涵，更加突出富民为本和以人为本的理念，使党的奋斗目标更加明确、行动方向更加具体、发展蓝图更加清晰。

在这一发展新蓝图的指引下，我们坚决落实科学发展观，全力构建社会主义和谐社会，经受住了各种困难和风险考验，分别就深化行政管理体制改革、制定"十二五"规划、推进文化改革发展等关系全局的重大问题作出决定和部署，夺取全面建设小康社会取得了新胜利。

党的十七大以来五年间，我们胜利完成"十一五"规划，顺利实施"十二五"规划，各方面工作都取得新的重大成就。我国社会生产力快速发展，经济平稳较快发展。综合国力大幅提升，2011年国内生产总值达到47.3万亿元。财政收入大幅增加。

五年间，我们改革开放取得重大进展，人民生活水平显著提高，民主法制建设迈出新步伐，文化建设迈上新台阶，社会建设取得新进步，社会保持和谐稳定，国际地位和影响力显著提高。

毫不夸张地说，这五年取得的成绩来之不易，积累的经验弥足珍贵，创造的精神财富影响深远。

五年间，我们党以改革创新精神加强自身建设，全面推进党的建设新的伟大工程。我们把党的执政能力建设和先进性建设作为主线，坚持党要管党、从严治党，贯彻为民、务实、清廉的要求，以坚定理想信念为重点加强思想建设，以造就高素质党员、干部队伍为重点加强组织建设，以保持党同人民群众的血肉联系为重点加强作风建设，以健全民主集中制为重点加强制度建设，以完善惩治和预防腐败体系为重点加强反腐倡廉建设，使党始终成为中国特色社会主义事业的坚强领导核心。

风景这边独好

五年间风雨未歇。对于中国人民来说，2008年注定是难忘的一年。

这一年，由于全球流动性过剩、全球经济失衡、虚拟经济过度脱离实体经济发展等原因，已于2007年8月开始浮现的国际金融危机开始失控。

在美国历史上，这场金融危机带来的危害不亚于1929—1933年资本主义世界经济危机。这次危机造成了全球金融市场剧烈动荡，西方发达国家普遍陷入严重的经济衰退，同时也造成了广大发展中国家经济增长放缓等困难局面。

2008年9月中旬，雷曼兄弟投资银行申请破产保护，巴克莱银行以2.5亿美元低价收购了雷曼兄弟北美市场的投资银行及资本市场业务，美国保险巨头AIG陷入困境，美林证券被美国银行以503亿美元的价格收购……国际金融危机迅速向世界蔓延，西方发达经济体哀鸿遍野。

这次国际金融危机对世界经济造成极大冲击，也波及了我国。

而且，2008年5月12日，在四川汶川，一场8级强震又猝然袭来。

大地颤抖，山河移位，满目疮痍，生离死别……

西南处，国有殇。

这是新中国成立以来破坏性最强、波及范围最大的一次地震。此次地震重创约50万平方公里的中国大地！

面对多重考验，党中央冷静判断，团结带领全国各族人民，同心同德，共克时艰，采取果断措施加以应对，最大限度地消除了这次特大自然灾害的不良影响，再次证明了在国家危难时刻民族团结的伟大力量！

同时，经过全国人民的共同努力，在其他主要经济体增长普遍乏力之际，中国经济一枝独秀，成为全球一道独特的亮丽风景线。

2008年8月8日晚20时，举世瞩目的北京第二十九届奥林匹克运动会开幕式在国家体育场（鸟巢）如期隆重举行。

一道耀眼的光环，照亮古老的日晷。体育场中央，随着一声声强劲有力的击打，2008尊中国古代打击乐器缶发出动人心魄的声音，缶上白色灯光依次闪亮，组合出倒计时数字。在雷鸣般的击缶声中，全场观众随着数字的变换一起大声呼喊：

10、9、8、7、6、5、4、3、2、1……

在一片欢呼声中，开幕式正式开始的时刻到来！

盛世华章。北京奥运会让中国惊艳了世界，让世界看到了中国！2008 年北京奥运会成为我国迎战汶川大地震和国际金融危机并取得巨大成绩的自信宣示，成为我国改革开放最隆重的"成人礼"，也成为我国全面建设小康社会取得历史性新成就的一次集中展示！

小康之路的带头人和护航者

党的十七大以来，党的建设取得的伟大成就，也哺育着无数共产党员苗壮成长。

被誉为"组工干部的好榜样"的王彦生就是这样一位可敬的同志。

王彦生是一位组工干部，曾任河北省邯郸市丛台区委原常委、组织部长。

王彦生是太行山之子，他从太行腹地的革命老区走来，血管里流淌着为党为人民无私奉献的工作激情。他坚持原则、淡泊名利，用行动赢得人民群众的口碑，凭公信树起组织工作的丰碑。

2003 年 7 月，调任丛台区后，王彦生开始把视线集中到新形势下的城市社区党建。通过调研，王彦生发现，作为邯郸市的主城区，社区工作已经成为承载丛台经济发展、社会稳定的重要基础。但由于基础设施投入不足、干部队伍素质不高等原因，不少社区远未能发挥"服务站""稳定器"和"连心桥"的作用。经过深思熟虑，他向区委提交了"联帮驻"活动方案和街道"大工委"建设体制的构想。

王彦生提出以"领导联社区、部门帮社区、干部驻社区"的"联帮驻"活动为载体，以街道社区党组织和驻区单位"双向服务、互利共赢"的"大工委"建设体制为依托，构建起了社区党

— 151 —

建和社区建设的共振点，既有效提升了社区党组织服务经济建设的能力，又为促进社会稳定提供了坚强的组织保障。

王彦生两袖清风，选人唯贤。

作为管"官"的官，组织部长王彦生经常要面对各式各样的"说情风"，有的还来自和自己关系较为亲密的人。但他每次都坚守组织原则，不给丝毫通融。

2007年，一名开发商想当丛台区人大代表，由于群众基础较差，提名没有通过。他特意找到王彦生，表示"只要能成事，花多少钱都行"，并当场放下两万元转身就走。王彦生气愤地站起来，把钱扔了出去。

同时，在当地，靠着扎扎实实工作走上领导岗位的干部有很多，他们之中没有一个事先从王彦生那里听到要被提拔的口风。

在先后担任曲周县委、丛台区委组织部长的11年间，经王彦生推荐的几百名干部中，没有一个"带病上岗"。

....

2005年夏天，王彦生常常感到一阵阵头疼。在市医院查不出病因。这年7月，在家人的坚持下，妻子女儿陪他到了北京天坛医院。结果让人震惊：王彦生患了脑部左侧基底动脉梭形瘤。医生介绍说，这就像在脑子里安了一颗定时炸弹，着急、劳累、生气、血压升高，都有可能引爆，瞬间夺去生命。由于王彦生的动脉瘤恰好长在脑基底大动脉上，如果做手术，不仅费用昂贵，而且风险特别大。

怎么办？

刚刚确定的加强执政能力的调研课题如何开展？年轻后备干部怎样培养教育？自己帮扶的香椿园社区残疾夫妻何美田、任志正今后怎么解决生活来源？王彦生有太多太多的事情放不下，割不断。

想到这些，王彦生又恢复了往日山一样的淡定从容。不到两周，他又去上班了。在单位，他像没事人似的工作。只是妻子知道，下班后回到家，他就不再像原来那样有说有笑，而是常常累得躺在床上不想说话。

家人心疼他，劝他别上班了，或者换个清闲的部门。妻子还建议他回大山环抱的故乡好好静养。丛台区委也对他的病高度关注，表示可以在工作安排上尽量给予照顾。王彦生却一一谢绝了。

正是怀着这种对党的忠诚和坚定的理想信念，王彦生以常人都难以企及的精力和热情，投入到忘我工作中，直到生命最后一刻。

⋯⋯⋯⋯⋯⋯

2008 年奥运安保期间，只要是值班，王彦生都坚持 24 小时在岗在位。头痛得实在厉害，他就用椅背顶着缓解一下。

坚持、坚持，就这样王彦生以只争朝夕的拼搏奉献精神，为党的事业燃烧着生命最后的光和热。

同年 10 月，丛台区选派 50 名年轻干部赴清华大学进行培训，王彦生亲自带队前往。他虽然几次往返于医院和学校之间，却从未耽误过课程。

还有什么比生死抉择，更能彰显一个共产党人的气度？生命不息，工作不止，面对死神黑色的阴影，王彦生没有屈服，昂首走完了人生最后的路。

从 2008 年底到 2009 年初，丛台区街道社区两委开始换届。

王彦生扎在社区换届工作的第一线，大到选举方案、会议议程，小到会场的布置、选票的印制，他都一一过问。有一次，妻子晚上偷偷关了王彦生手机，想让他睡个安稳觉，却被王彦生批评了一通。

2009年2月4日，丛台区政协会议开幕当天，为筹备大会连续忙碌多天的王彦生头痛难忍。妻子看到他脸色难看，就劝说道："如果你感觉不舒服，就别去开会了，跟领导请个假，在家歇一天吧。"

"那怎么行？'两会'一年只开这么一次，我怎么能不去？"

妻子拗不过他，把早饭端来。王彦生草草吃了两口正准备起身，突然"呀"的一声，捂住了头。接着，便轰然倒地，再没醒来……

王彦生去世的消息传来，丛台区八届人大二次会议代表无不落泪，他们联名提议，在全区学习宣传王彦生同志事迹。

2009年2月6日，是王彦生遗体告别日。外面彤云密布，阴风呼啸。殡仪馆内挽幛如云，花圈似海！千余名干部群众自发从四面赶来，人们扼腕叹息，洒泪送别这位受人敬仰的部长。

作为一名共产党员，王彦生始终牢记党的宗旨，信念笃定如巍巍太行。为了党的事业他鞠躬尽瘁，用有限的生命谱写了无限的忠诚。

像王彦生一样，这一时期为了党和人民的事业奋斗牺牲的优秀共产党员并不少见。

沈浩生于1964年，安徽省萧县人，铜陵财经专科学校会计专业毕业，1986年参加工作，同年7月加入中国共产党。

2004年2月，作为优秀年轻党员干部，他积极响应安徽省委号召，作为全省第二批选派到农村的任职干部来到凤阳县小岗村，任小溪河镇党委副书记，小岗村党委第一书记、村委会主任等职务。

在小岗村任职后，沈浩始终以党和人民的事业为重，干事创业，勤奋务实，勇于创新，无私奉献，以实际行动忠实履行共产党员的神圣职责，在广大干部群众心中竖起了一座巍峨的丰碑。

沈浩在小岗村处处为村里谋规划、办实事，大年三十还泡在村里，几年来一直租住在村民家中。

2006 年底，沈浩在小岗村任职三年届满，村民强烈要求把沈浩留下来，起草了一份言辞诚恳的挽留信，用按红手印的方式，表达了自己的愿望。

村民们派了十个代表，按下手印送到安徽省组织部、财政厅，要求沈浩留在小岗村，再带领他们干三年。98 颗鲜红的手印，感动了组织，也感动了沈浩。

办工业、兴商贸、科学种田，以市场经济的头脑发展种植、养殖和高效农业……沈浩带领小岗村做了太多的事。农家乐生态游促进小岗村振兴发展，“大包干”纪念馆每年接待各地游客万余人次……

2006 年，小岗村跻身 2005 年度“全国十大名村”之列。2007 年初，小岗村被授予“安徽省乡村旅游示范点”称号。

一个美丽、和谐、富裕、文明的社会主义新小岗重新向世人展示着它独有的魅力！

2009 年 11 月 6 日，江河含悲，小岗村动容。

中国农村改革第一村安徽省凤阳县小岗村党支部第一书记沈浩在小岗村临时租住的房子内去世，年仅 46 岁。

胡锦涛总书记在批示中对沈浩的去世表示沉痛悼念，对沈浩的亲属和小岗村村民表示亲切慰问。2009 年 11 月 8 日，时任安徽省委领导看望沈浩同志亲属，并转达胡锦涛总书记的重要批示和亲切慰问。

斯人已逝，精神长存。2011 年 9 月 20 日，沈浩在第三届全国道德模范评选中荣获"全国敬业奉献模范"称号。

幸福的明天，属于人民；美好的未来，要靠伟大的党团结和带领人民共同奋斗。正是有了千千万万个王彦生和沈浩式的共产党员，小康之路才有了带头人和护航者；正是因为千千万万个王彦生和沈浩式的共产党员的无私奉献，中国特色社会主义伟大事业才有了不断奋进的澎湃动力！

第五章

大视野：收获季启迪新征程

（2012—2021 年）

红旗猎猎，岁月如歌。全面建成小康社会迎来了收获的季节。

党的十八大根据国际国内形势的变化，及时提出要在十六大、十七大确立的全面建设小康社会目标的基础上努力实现新的要求，确保到 2020 年实现全面建成小康社会宏伟目标。

忆往昔峥嵘岁月稠。在新要求的指引下，党的十八大以来，广大党员干部紧扣全面建成小康社会目标任务，全面建成小康社会硕果累累。党的十九大以来，我们在习近平新时代中国特色社会主义思想的指引下，紧扣我国社会主要矛盾变化，坚定不移全面从严治党，克服种种困难挑战，突出抓重点、补短板、强弱项，全面建成小康社会奏响了决战决胜之歌。2020 年，全面建成小康社会目标如期实现，决胜全面建成小康社会取得决定性成就。① 2021 年 7 月 1 日，中国共产党百年华诞之际，习近平总书记代表党和人民庄严宣告，我们实现了第一个百年奋斗目标，在中华大地上全面建成了小康社会。

透过成绩瞭望未来。全面建成小康社会让我们对伟大的中国共产党更加崇敬，对中国特色社会主义制度更加自信，对乘势而上开启全面建设社会主义现代化国家新征程更加充满信心！

---

① 习近平：《关于＜中共中央关于制定国民经济和社会发展第十四个五年规划和二〇三五年远景目标的建议＞的说明》，人民网 2020 年 11 月 3 日。

一、在全面建设小康社会目标的基础上更上一层楼

（2012—2017 年）

围绕全面建设小康社会目标，党的十八大召开前后，我们的各项事业取得了巨大成就。经过十年奋斗，我国经济总量和进出口总额均位居世界第二，经济实力和综合国力显著增强，国际地位和国际影响力显著提高。在经济持续高速发展的同时，人民生活水平大幅提高，社会保障体系初步建立，民主法治、精神文明、生态建设等方面都取得了重大进展。可以肯定地说，在新的起点上全面建成小康社会的条件更加充分、基础更加扎实、目标更加接近。

从国际国内大势来看，我国仍将处于大有作为的战略机遇期，但战略机遇期的条件、内涵正在发生深刻变化。国际金融危机还在持续，世界经济增长乏力、复苏缓慢；与此同时，全球化背景下的信息技术进步、产业结构调整、经济利益格局正在孕育革命性变化，国际竞争空前激烈。世界多极化进程加快，大国及其集团、各种跨国组织、地区组织博弈加剧，力量对比正在发生变化、和平因素逐渐增加；与此同时，国际政治再平衡必然伴随秩序重建和利益碰撞，局部战争和地区性冲突有可能扩大，我国周边事态也变得复杂而敏感。国内形势也面临许多阶段性新特征新变化，发展方式转变缓慢，矛盾易发多发，风险加大，地区差距、城乡差距扩大，发展潜力、发展空间受到抑制，发展的可持

续性受到约束，"新常态"成为中国经济新特征。

总而言之，在新的形势下全面建成小康社会既面临机遇也面临诸多困难和挑战。

唯物辩证法告诉我们，决定性不同于必然性，所谓决定性阶段，意味着时间更紧迫、任务更艰巨。

唯有凝聚力量，保持清醒头脑，继续奋斗，攻坚克难，全面建成小康社会的目标才能实现。

对此，我们顽强拼搏，积极实干，及时提出要在十六大、十七大确立的全面建设小康社会目标的基础上努力实现新的要求，确保到二〇二〇年实现全面建成小康社会宏伟目标。

新要求新战略新成就

及时回应时代的要求，是我们党一以贯之的宝贵品格。

党的十八大报告指出，纵观国际国内大势，我国发展仍处于可以大有作为的重要战略机遇期。我们要确保到二〇二〇年实现全面建成小康社会宏伟目标。要在十六大、十七大确立的全面建设小康社会目标的基础上努力实现新的要求，主要目标是：经济持续健康发展，转变经济发展方式取得重大进展，实现国内生产总值和城乡居民人均收入比二〇一〇年翻一番；人民民主不断扩大，文化软实力显著增强，人民生活水平全面提高，资源节约型、环境友好型社会建设取得重大进展。全面建成小康社会，必须以更大的政治勇气和智慧，不失时机深化重要领域改革，坚决破除一切妨碍科学发展的思想观念和体制机制弊端，构建系统完备、科学规范、运行有效的制度体系，使各方面制度更加成熟更加定型。

新的要求鼓舞人心，美好前景凝聚力量。

在十六大、十七大确立的全面建设小康社会目标的基础上努力实现新要求的提出，对于我们新世纪新阶段深刻认识和把握全面建成小康社会的完整内涵，具有重要意义。首先，小康社会是长远目标与阶段性任务、继承与发展、过程与结果的辩证统一。从 20 世纪 80 年代邓小平同志设计我国现代化进程"三步走"战略蓝图开始，我们党总是根据发展的新形势、取得的新成就，对建设小康社会的目标作出调整。显而易见，党的十八大继往开来，在党的十六大、十七大阶段性目标超越预期的新形势下，顺应人民期盼，准确判断趋势，更加清晰、更高要求提出了在新形势下全面建成小康社会新目标，既令人鼓舞又切合实际。其次，必须认识到，全面建设发展成果真正惠及十几亿人口的小康社会，是党的十六、十七、十八大一以贯之的总体目标。

全面建成小康社会，必须遵循"五位一体"总体布局和"四个全面"战略布局的战略安排，必须以"四个全面"战略布局协调推进"五位一体"总体布局。

"五位一体"总体布局，是指经济建设、政治建设、文化建设、社会建设、生态文明建设。"五位一体"总体布局，是我们党对于"实现什么样的发展、怎样发展"这一重大战略问题的科学回答，为用中国特色社会主义理论体系武装头脑、指导实践、推动工作，也为完整实现全面建成小康社会的目标提供了强大思想武器。"五位一体"总体布局着眼于全面建成小康社会、实现社会主义现代化和中华民族伟大复兴，对推进中国特色社会主义事业的总体布局，为我国到2020年如期实现全面建成小康社会目标提供强有力的保障。

"四个全面"战略布局，即"全面建成小康社会、全面深化改革、全面依法治国、全面从严治党"。①"四个全面"战略布局，是党中央治国理政的总方略，是实现"两个一百年"奋斗目标、走向中华民族伟大复兴中国梦的"路线图"。"四个全面"战略布局的每一方面都突出强调"全面"，既有目标又有举措，既有全局又有重点。全面建成小康社会，体现在覆盖的人群、地域、领域都是全面的，是没有"掉队者"的小康；全面深化改革，体现在坚持系统思维，充分考虑经济、政治、文化、社会、生态各领域改革的关联性、耦合性，进行统筹配合；全面依法治国，体现在坚持依法治国、依法执政、依法行政共同推进，法治国家、法治政府、法治社会一体建设，实现科学立法、严格执法、公正司法、全民守法；全面从严治党，体现在治标和治本统筹兼顾、自律和他律双管齐下，提出一系列严格管理干部、完善制度法规的全方位、高标准管党治党举措。

从"五位一体"与"四个全面"的内在逻辑看，"四个全面"战略布局着眼于第一个百年目标，是现阶段的战略目标和战略举

---

① 党的十九届五中全会高度评价全面建成小康社会取得的决定性成就。全会作出"全面建成小康社会胜利在望"的重要判断，将"全面建成小康社会"表述更新为"全面建设社会主义现代化国家"，遵循的是实践中探索、探索中实践的规律，对实现第二个百年奋斗目标具有更强的针对性和指导性。全会审议通过了《中共中央关于制定国民经济和社会发展第十四个五年规划和二〇三五年远景目标的建议》，确立全面建设社会主义现代化国家在"四个全面"战略布局中的引领地位。

措。"五位一体"总体布局着眼于"两个一百年"奋斗目标的全过程，是现阶段至未来阶段的战略目标和总体规划。二者统一于民族复兴的伟大梦想，统一于中国特色社会主义伟大实践。两者之间体现了事物发展由低到高逐步递进的过程，而其中低级阶段又呈现了高级特性。

实践证明，"五位一体"与"四个全面"的有机结合，推动了党的十八大以后五年间我们在全面建成小康社会新征程中取得新成就——

经济建设取得重大成就。我们坚定不移贯彻新发展理念，坚决端正发展观念、转变发展方式，发展质量和效益不断提升。经济保持中高速增长，在世界主要国家中名列前茅，国内生产总值从 54 万亿元增长到 80 万亿元，稳居世界第二，对世界经济增长贡献率超过 30%。供给侧结构性改革深入推进，经济结构不断优化，数字经济等新兴产业蓬勃发展，高铁、公路、桥梁、港口、机场等基础设施建设快速推进。农业现代化稳步推进，粮食生产能力达到 1.2 万亿斤。城镇化率年均提高 1.2 个百分点，8000 多万农业转移人口成为城镇居民。[①] 区域发展协调性增强，"一带一路"建设、京津冀协同发展、长江经济带发展成效显著。创新驱动发展战略大力实施，创新型国家建设成果丰硕，天宫、蛟龙、天眼、悟空、墨子等重大科技成果相继问世。南海岛礁建设积极推进。开放型经济新体制逐步健全，对外贸易、对外投资、外汇储备

---

① 金虎：《习主席提出的"新时代"人气爆棚，有何深意？》，解放军新闻传播中心 2017 年 10 月 19 日。

稳居世界前列。

人民生活不断改善。我们深入贯彻以人民为中心的发展思想，一大批惠民举措落地实施，人民获得感显著增强。脱贫攻坚战取得决定性进展，6000 多万贫困人口稳定脱贫，贫困发生率从10.2％下降到 4％以下。[①] 教育事业全面发展，中西部和农村教育明显加强。就业状况持续改善，城镇新增就业年均 1300 万人以上。[②] 城乡居民收入增速超过经济增速，中等收入群体持续扩大。覆盖城乡居民的社会保障体系基本建立，人民健康和医疗卫生水平大幅提高，保障性住房建设稳步推进。社会治理体系更加完善，社会大局保持稳定，国家安全全面加强。

此外，党的十八大以后的五年间，我们全面深化改革取得重大突破，民主法治建设迈出重大步伐，思想文化建设取得重大进展，生态文明建设成效显著，强军兴军开创新局面，港澳台工作取得新进展，全方位外交布局深入展开，全面从严治党成效卓著。

这五年，我们也大力推进了一些具体的政策措施，加快了全面建成小康社会的前进步伐。以经济领域为例，我们先后推进了以下这些重要改革开放措施，取得了明显成效——

2013 年 1 月 16 日，全国中小企业股份转让系统揭牌，非上市公司股份转让的小范围、区域性试点开始走向全国性市场运作。12 月 13 日，《国务院关于全国中小企业股份转让系统有关问

[①] 范宁：《政府精准扶贫面临的困境及实现路径》，《中国市场》2018 年第 15 期，第 17 页。
[②] 白天亮：《五年间城镇新增就业人数年均超过 1300 万人》，《人民日报》2017 年 10 月 3 日，第 1 版。

题的决定》印发。

2014 年 11 月 17 日，上海与香港股票市场交易互联互通机制"沪港通"正式启动。2016 年 12 月 5 日，深圳与香港股票市场交易互联互通机制"深港通"正式启动。"沪港通"丰富了交易品种，优化了市场结构，为境内外投资者投资 A 股和港股提供了便利和机会，有利于投资者共享两地经济发展成果，促进两地资本市场的共同繁荣发展；有利于拓展市场的广度和深度，巩固香港国际金融中心地位，加快建设上海国际金融中心，增强我国资本市场的整体实力；有利于推进人民币国际化，提高跨境资本和金融交易可兑换程度。

2015 年 4 月 1 日，东北、内蒙古重点国有林区全部停止天然林商业性采伐。2016 年，天然林商业性采伐在全国范围内停止，标志着我国天然林资源从采伐利用转入保护发展的新阶段。

2016 年 10 月 1 日起，人民币正式纳入特别提款权（SDR）货币篮子。据悉，人民币在 SDR 货币篮子的占比将达到10.92%，① 仅次于美元和欧元。央行有关负责人表示，加入 SDR 后，人民币更加稳健，在全世界的信用更高，将减少钱包的缩水压力。"入篮"后，人民币将成为一种被广泛接受的货币，在全世界各地旅游、上学、购物将更加方便，跨境投资也会更方便。

2017 年 4 月 1 日，中共中央、国务院决定在雄安设立国家级新区。雄安新区规划建设以特定区域为起步区先行开发，起步区面积约 100 平方公里，中期发展区面积约 200 平方公里，远期

---

① 《2016 年人民币正式加入 SDR》，中国民主促进会网站 2018 年 11 月 28 日。

控制区面积约 2000 平方公里。

············

类似这样的重大举措不胜枚举。这些重大举措也充分表明，十八大以后五年间我们在全面建成小康社会新征程中取得的新成就是全方位的、开创性的，是来之不易的。

问道"新常态"

2010 年 10.64％，2011 年 9.55％，2012 年 7.86％，2013 年 7.77％，2014 年 7.3％，2015 年 6.91％，2016 年 6.74％，2017 年 6.76％，2018 年 6.57％[①]……

这是我国近十年间一组 GDP 年增长率数据。这些数据表明，近十年间，我国经济总体增速出现了稳定下滑的态势。

我国改革开放以来，GDP 增速只有 3 次连续 2—3 年低于 8％：第一次是 1979—1981 年，第二次是 1989—1990 年，第三次是 1998—1999 年，这三次回落主要是受到外部短期因素的干扰，每次过后又重新回到了高速增长的轨道上。而长期的高速增长，也为我国加速建设小康社会积累了丰厚的物质资源。

但 2012 年之后，我国 GDP 增长率的持续多年下降，可能要告别过去年平均 10％左右的高速增长率了。而且，这一趋势似乎没有逆转的迹象。

中国经济的这一变化，专家名之"新常态"。

---

① 《中国、日本历年 GDP 年度增长率比较（近 60 年数据情况汇总表）》，投问问网站 2020 年 10 月 12 日。

事实上，早在 2014 年 5 月的河南考察行程中，习近平总书记就提及了"新常态"。他指出："中国发展仍处于重要战略机遇期，我们要增强信心，从当前中国经济发展的阶段性特征出发，适应新常态，保持战略上的平常心态。"①

这是中央领导人首次以"新常态"描述中国经济新周期。

6 个月后的 2014 年 11 月 9 日，在亚太经合组织（APEC）工商领导人峰会上，习近平主席向包括 130 多家跨国公司领导人在内的世界工商领袖们首次系统阐述了"新常态"，阐述了什么是经济新常态、新常态的新机遇、怎么适应新常态等关键点。

何谓"新常态"？

所谓常态，就是正常状态；新常态，就是经过一段不正常状态后重新恢复正常状态。

纵观人类发展史，可以发现，人类社会就是在常态到非常态再到新常态的否定之否定中发展；人对社会的认识，就是从常态到非常态再到新常态的否定之否定中上升。贯穿在常态——非常态——新常态中的主线，是事物发展的本质与规律。

同样，经济新常态，就是人类经济发展肯定——否定——否定之否定波浪式前进的成果；经济学新常态，就是人类经济认识肯定——否定——否定之否定螺旋式上升的结晶。

这也表明，因着内在的逻辑限定，中国经济新常态已经成为一种趋势性、不可逆的发展状态，意味着中国经济已进入一个与过去几十年高速增长截然不同的崭新阶段。

---

① 李一丹：《解读十八大以来中国经济 10 大关键词》，中国网 2017 年 5 月 5 日。

2014 年 12 月，中央经济工作会议在北京召开。这一中国最高规格的经济决策会议首次系统阐述了经济"新常态"的内涵、特点和趋势性变化。

会议公报用大量篇幅分析了消费需求、投资需求、出口和国际收支、生产能力和产业组织方式等方面的趋势性变化后确认："我国经济正在向形态更高级、分工更复杂、结构更合理的阶段演化，经济发展进入新常态，正从高速增长转向中高速增长，经济发展方式正从规模速度型粗放增长转向质量效率型集约增长，经济结构正从增量扩能为主转向调整存量、做优增量并存的深度调整，经济发展动力正从传统增长点转向新的增长点。"

公报指出："认识新常态，适应新常态，引领新常态，是当前和今后一个时期我国经济发展的大逻辑。"

显而易见，"认识""适应""引领"，是把握新常态的三重境界。这三重境界，由低而高、由浅而深，由知而行，深刻地贯通了唯物辩证法的认识论和实践论，构建了新常态动态发展的逻辑闭环。

事物都有自己的质的规定性。就认识范畴这个基础层次而言，对新常态特征的认识和理解，有助于从结构上掌握其发展规律，继而在破解方略上实现庖丁解牛式的游刃有余。

新常态有四个特征。

首先是中高速。

我国经济增速换挡回落，从过去 10% 左右的高速增长转为 7%—8% 的中高速增长是新常态的最基本特征。

环顾世界，当一个国家或地区经历了一段时间的高速增长后，都会出现增速"换挡"现象。不少国家的经济增速都是从8%以上的高速挡直接切换到4%左右的中速挡，而因为中国是一个发展很不平衡的大国，各个经济单元能接续发力、绵延不绝，导致发展能量巨大而持久。中国经济有望在7%—8%的中高速挡运行一段时间。比如，当服务业在东部地区崛起时，退出的制造业不会消失，而是转移到西部地区，推动西部经济快速增长。

其次是优结构。

新常态下，经济结构发生全面、深刻的变化，不断优化升级。产业结构方面，第三产业逐步成为产业主体。需求结构方面，消费需求逐步成为需求主体。城乡区域结构方面，城乡区域差距将逐步缩小。收入分配结构方面，居民收入占比上升，更多分享改革发展成果。在这些结构变迁中，先进生产力不断产生、扩张，落后生产力不断萎缩、退出，既涌现一系列新的增长点，也使一些行业付出产能过剩等沉重代价。

再者是新动力。

从动力层面看，新常态下，中国经济将从要素驱动、投资驱动转向创新驱动。

从1998年至2008年，全国规模以上工业企业利润总额年均增速高达35.6%，而到2013年降至12.2%。[①] 制造业的持续艰难表明，随着劳动力、资源、土地等价格上扬，过去依靠低要素成本驱动的经济发展方式已难以为继，必须把发展动力转换到科

① 田俊荣、吴秋余：《新常态，新在哪?》，《人民日报》2014年8月4日，第1版。

技创新上来。

最后是多挑战。

从风险层面看，新常态下我国经济运行继续保持在合理区间，但楼市风险、地方债风险、金融风险等潜在风险渐渐浮出水面。这些风险因素相互关联，有时一个点的爆发也可能引起连锁反应。

透过现象看本质。综合上述特征不难看出，我国当前的经济新常态，实质上就是经济发展告别过去传统粗放的高速增长阶段，进入高效率、低成本、可持续的中高速增长阶段，是为了全面转型升级的合理减速。

种子破土是艰难的，也充满了希望；母胎躁动是痛苦的，也令人欣喜；机遇女神往往将她美丽的面容遮掩起来，以考验追求者的智慧和真诚。

穿透认识的重重迷雾，经过审慎分析，我们也可以看到，新常态其实给中国带来了许多崭新的发展机遇，这些具体的机遇将公平而无私地展现在每一个中国企业、每一位新时代同胞面前。

比如，我国模仿型的排浪式消费阶段基本结束，个性化、多样化消费渐成主流；基础设施互联互通和一些新技术、新产品、新业态、新商业模式的投资机会大量涌现；低成本比较优势发生了转化，高水平引进来、大规模走出去正在同步发生；新兴产业、服务业、小微企业作用更凸显，生产小型化、智能化、专业化将成为产业组织新特征；人口老龄化日趋发展，农业富余人口减少，要素规模驱动力减弱，经济增长将更多依靠人力资本质量

— 171 —

和技术进步；市场竞争逐步转向质量型、差异化为主的竞争；环境承载能力已达到或接近上限，必须推动形成绿色低碳循环发展新方式；经济风险总体可控，但化解以高杠杆和泡沫化为主要特征的各类风险将持续一段时间；既要全面化解产能过剩，也要通过发挥市场机制作用探索未来产业发展方向……

毫无疑问，这些新鲜机遇的诞生，对于推动新时代中国实现更高质量、更有效率、更加公平、更可持续的发展，决胜全面建成小康社会、实现中华民族伟大复兴的中国梦，具有十分重大的意义。

机遇就是财富。仔细分析不难发现，新常态所蕴含的这些机遇，几乎全部指向了决胜全面建成小康社会这一宏大目标。当我们抓住这些机遇并勉力为之，就一定能实现就业稳、价格稳、民生保障更完善等目标，从而带动提高国民生活质量，提升国民"获得感"，让人民在全面建成小康社会中感受更多幸福。

认识是行动的先导。在论及唯物主义辩证法的实践导向时，马克思曾指出："哲学家们只是用不同的方式解释世界，而问题在于改变世界。"[1]

而在 2500 多年前，东方中国的先哲们对于实践与认识之间的巨大鸿沟，就已经有了清醒的认识。他们用中华民族特有的智慧语言将其表述为："知之非艰，行之惟艰。"

当一件事或一个想法由纸面的认识落实到行动的大地上时，它将经受实践的检验。在真理面前，这种检验毫无私面可言——

---

[1] 《马克思恩格斯选集》第一卷，人民出版社 2012 年版，第 140 页。

它可能因主体对客体认识时的一个毫不打眼的小错误，就断然否定这种认识。因此，即使认识逻辑上是正确的，也仍需要实践者付出与结论要求相一致的不懈努力。

同样，对新常态的一般规律的认识，只是"认识——适应——引领"这一时代发展逻辑闭环的起点，能否运用这些规律，将其活化为企业突围新常态、个人实现人生价值的现实事业指南，继而为全面建成小康社会添砖加瓦，考验着每一个中国企业和国民的洞察力与执行力。

毋庸讳言，新常态中出现的经济稳定下行状况，对全国各行业发展的影响很大。作为为国家和社会创造直接财富，为全面建成小康社会提供主要物质支持的企业，所受到的冲击尤为明显。

以提供了绝大多数就业岗位的民营企业为例，他们面临的困局极具代表性。客观地说，长期以来，民营企业往往被认为是高消耗、高污染的典型代表，其粗放型的发展方式也每每成为经济结构转型升级的重要改革目标。经济新常态下，民营企业除了要面对投资、消费、出口乏力等整体经济下滑的困境，还深陷一些痼疾无法自拔，如管理理念落后，管理结构不够完善，产业低端化，人才缺乏等。此外，民营企业还必须再次面对融资难这个老大难问题……

《孙子兵法》说："激水之疾，至于漂石者，势也；鸷鸟之疾，至于毁折者，节也。"这部中国人智慧源头之一的兵法又说："夫兵形象水，水之形，避高而趋下，兵之形，避实而击虚。"

事实也正是如此，尊重形势，判断形势，只是解决了以广大民营企业为代表的各实体行业所面临的困难的第一步，只有遵照辩证唯物主义的方法论，充分发挥中国特色社会主义制度的优越性，从国民经济的整体发展形势和目标作出判断，"避实而击虚"，处一隅而瞻远方，解不利为有利，化腐朽为神奇，提出具体的战略部署，才能充分调动各类市场主体的能动性，出台具体解决方案，进而形成合力，引领新常态朝有利的一面发展——

2015年11月10日上午，中共中央总书记、国家主席、中央军委主席、中央财经领导小组组长习近平主持召开中央财经领导小组第十一次会议，研究经济结构性改革和城市工作。

2016年1月27日，中共中央总书记、国家主席、中央军委主席、中央财经领导小组组长习近平主持召开中央财经领导小组第十二次会议，研究供给侧结构性改革方案。

2017年10月18日，习近平总书记在党的十九大报告中指出，深化供给侧结构性改革。建设现代化经济体系，必须把发展经济的着力点放在实体经济上，把提高供给体系质量作为主攻方向，显著增强我国经济质量优势。[①]

…………

通过学习在这些会议精神，我们可以领悟，推进供给侧结构性改革，是适应和引领经济发展新常态的重大创新，是适应国际金融危机发生后综合国力竞争新形势的主动选择，是适应我国经济发展新常态的必然要求。

---

① 《习近平：新时代要有新气象更要有新作为 中国人民生活一定会一年更比一年好》，中华人民共和国中央人民政府网站2017年10月25日。

那么，什么是供给侧结构性改革呢？

供给侧结构性改革旨在调整经济结构，使要素实现最优配置，提升经济增长的质量和数量。需求侧改革主要有投资、消费、出口，三驾马车，供给侧则有劳动力、土地、资本、制度创造、创新等要素。

供给侧结构性改革，就是用增量改革促存量调整，在增加投资过程中优化投资结构、产业结构开源疏流，在经济可持续高速增长的基础上实现经济可持续发展与人民生活水平不断提高；就是优化产权结构，国进民进、政府宏观调控与民间活力相互促进；就是优化投融资结构，促进资源整合，实现资源优化配置与优化再生；就是优化产业结构、提高产业质量，优化产品结构、提升产品质量；就是优化分配结构，实现公平分配，使消费成为生产力；就是优化流通结构，节省交易成本，提高有效经济总量；就是优化消费结构，实现消费品不断升级，不断提高人民生活品质，实现创新、协调、绿色、开放、共享的发展。

"君子不妄动，动必有道。"可以说，推进供给侧结构性改革以适应和引领经济发展新常态，就是以习近平同志为核心的中央领导集体给出的应对经济发展新常态的战略指南，是我们破解包括企业经营困难等一系列难题的根本遵循。

相信信念的力量，点石自会成金。中国人不缺活学活用的脑筋。中央关于推进供给侧结构性改革的重大战略部署甫定，全国各地各行业各部门各实体即认真学习，深入研讨，结合自身实际确定了独具个性的工作方针。

以互联网经济为例。2015 年全国 GDP 增长率为 6.91％，而中国互联网经济的产值中，电商、广告、游戏三个重要市场板块就贡献了 85％的产值，与 2014 年相比，增长 37％。这是一个不俗的表现，但与新常态前动辄 70％—80％的年增长率却无法同日而语。这表明，新常态下的互联网经济已经告别了过去的攻城略地狂飙突进一路高歌，进入了市场成熟期。

如何突破新常态，瞄准互联网经济供给侧结构性改革，找到新的利润增长点？

中国互联网经济的标杆企业之一——深圳市腾讯计算机系统有限公司做出了自己的探索。

这家诞生于 1998 年的互联网公司，是中国最大的互联网综合服务提供商之一，也是中国服务用户最多的互联网企业之一。

和其他互联网服务提供商一样，腾讯也遭遇了新常态下增长速度放缓的困局。

如何破局？基于海量数据得出的研究结论最有说服力。

在腾讯深圳总部，有一块巨大的电子显示屏。通过这块屏幕，腾讯公司可以实时分析出其产品在全国的分布情况及实际使用率。

腾讯发现，2015 年，手机端网络用户占到 83％，通过台式电脑端联网的用户占 70％。这其中，90 后移动用户数为 2.2 亿，占腾讯用户总数的 42％。而 90 后代表了未来主力消费人群，是腾讯的最重要目标客户之一。

腾讯同时发现，因为互联网使用成熟，在中国，一、二线城市用户手机端上网只有 35％，而三、四线城市中，首选手机上网的用户占比达 53％。腾讯意识到，通过移动互联网的方式接触和覆盖这些三、四线城市目标人群，其成功概率更大。

再看二维码使用率和手机支付维度。腾讯得出结论：二维码手机支付在美国的使用率只有 20％，远逊中国；所以，与手机端支付相关的创新科技在中国的接受度会很高。

此外，中国移动网民每周通过平板电脑浏览视频用户数高达 78％，而同样条件下的美国只有 36％。腾讯敏锐地察觉到，这一现象充分说明，在中国，由于完善的移动工具和高速率的移动网速相配，通过手机端进行娱乐等生活，已经变为中国移动网民的一个新的习惯性消费行为。

这样，由于移动互联网技术的成熟和高速的发展，将带来其他机会点——在打车、餐饮、医疗等各行业的商业模式方面将看到越来越多的创新。

由此，腾讯得出结论——首先，新常态下，中国经济的动力已经从要素驱动、投资驱动转向了创新驱动。其次，尽管新常态之下互联网经济增长放缓，但手机端已经成为互联网的最主要入口，手机端网络服务已经成为互联网经济的一个重大机会点。在此前提下，腾讯必须加强推进供给侧结构性改革，紧紧抓住这个移动终端机会点，加强服务创新，提高供给体系质量，提前抢滩布局，抢占移动互联时代的战略制高点。

行动胜于一切。腾讯发挥民营企业高效务实的特点，很快就将这个战略思想细化分解并严格加以落实。

他们从内容、平台、渠道、大数据四个层面对自身运营模式重新审视并结合新常态背景不断加以革新——

内容方面，腾讯认为，内容完全是新的，在新注意力经济背景下，需要和合作伙伴通过对移动端内容重塑，吸引用户注意力。

以腾讯视频中的影视圈为例，有关电影、电视剧的报道可以通过社交的方式，为用户推荐电影、提供建议；在自选股中，用户可以通过分享告诉朋友是否可以选择该股票。

平台方面，腾讯认为，多屏和跨屏已经成为用户在移动互联网时代的使用特征，传统环境下的媒体也通过平台的打造增强自己的影响力，在这种背景下要利用好跨屏优势，通过多屏娱乐体验和社交平台，吸引目标受众。

2014年，腾讯视频浙江卫视励志专业音乐评论节目《中国好声音》，用户即可以通过手机和电视的跨屏互动来反向猜被选的导师。分享的行为让视频变得越来越火，通过这种平台，跨屏互动的方式也让这种热度持续增长。

渠道方面，腾讯认为，O2O（线上到线下）正在对传统行业进行着深刻改造，消费者可以在线上直接购买产品，这是整个渠道和平台所面临的一个重大变化。

这方面，腾讯着墨甚多。比如，他们通过微信中的卡包功能将线下店铺的优惠券、会员卡、机票等放在线上保存和管理，然后可到线下店铺使用；通过滴滴打车，在很大程度上匹配了出租车和乘客，并可直接在手机上完成对接，支付也可以在线上完成。

大数据方面，腾讯认为，由于出现了更多形态的移动工具，用户将产生海量数据。如何通过对用户需求的数据进行深度挖掘，从而改进企业的营销策略和商业目标是一个重大课题。事实上，通过大数据分析，腾讯对目标客户的情况更加了解，对自身产品与用户需求的匹配度更加精准，也极大地提高了用户的粘性。

腾讯的这些战略举措，紧扣供给侧结构性改革这根主线，以强化产品创新为突破，精准施策，提前布局，有效对冲了新常态对互联网企业的影响，进一步巩固了自己在中国乃至世界 IT 业的领先地位。2019 年，腾讯年度公司报告显示，腾讯 2019 年营收为 3773 亿元，较上年同期增长 21%。截至 2020 年 4 月 5 日，腾讯市值为 35957 亿港元（约 4638 亿美元）。

一滴水可以映照太阳的光辉。

腾讯的突破型创新经验，充分证明了中央提出的加强供给侧结构性改革助力破解新常态难题战略部署的正确性。同时人们也不无欣喜地看到，正是中国不断涌现出的千千万万个腾讯这样的创新经验和实际成果，才让我们在决胜全面建成小康社会之路上凝聚起踏过荆棘的无比信心。

毕竟，信心比黄金还重要。

二、在中华大地上全面建成了小康社会

（2017—2021 年）

党的十九大报告指出，到 2020 年，是全面建成小康社会决胜期。报告明确要求："决胜全面建成小康社会，开启全面建设社会主义现代化国家新征程。"由此可见，从党的十九大胜利召开到 2020 年，我们全面建成小康社会、实现第一个百年奋斗目标，已经进入了决胜攻坚时期。

世事变幻，白云苍狗，我们面临着百年未有之大变局。当今世界正处于大发展、大变革、大调整时期。新一轮科技革命和产业革命加快重塑世界，经济全球化深入发展推升全球治理加快变革，世界多极化深入发展使国际力量对比变得更加平衡，大国战略博弈加剧推动国际体系深刻变革，地区热点问题此起彼伏，重大传染性疾病、恐怖主义、网络安全、气候变化等非传统安全威胁持续蔓延，人类面临许多共同挑战。特别是近年来，我们面对的国际国内风险挑战明显上升，世界范围内贸易保护主义抬头，国际经贸摩擦不断升级，2020 年初又遇到新中国成立以来传播速度最快、感染范围最广、防控难度最大的新型冠状病毒肺炎（新冠肺炎）疫情冲击……多重因素交织叠加，对我国经济产生了深刻影响。国内经济下行压力持续增大，全面建成小康社会面临较大压力。

党的十九大以来，在极端严峻的局面下，以习近平同志为核心的党中央领导集体准确判断重要战略机遇期内涵和条件变化，

沉着冷静应对困难挑战，团结和带领全党和全国各族，紧扣我国社会主要矛盾变化，深入开展"不忘初心、牢记使命"主题教育，坚持和完善中国特色社会主义制度、推进国家治理体系和治理能力现代化，牢牢把握中国共产党的领导这个中国特色社会主义的最本质的特征、中国特色社会主义制度的最大优势，统筹推进经济建设、政治建设、文化建设、社会建设、生态文明建设，坚定实施科教兴国战略、人才强国战略、创新驱动发展战略、乡村振兴战略、区域协调发展战略、可持续发展战略、军民融合发展战略，突出抓重点、补短板、强弱项，加快补齐全面建成小康社会短板，坚决打好防范化解重大风险、精准脱贫、污染防治的攻坚战，坚持稳中求进工作总基调，坚持以供给侧结构性改革为主线，推动高质量发展，扎实做好"六稳"工作，对照完成相关的定性定量指标，冷静应对贸易摩擦和新冠肺炎疫情和贸易摩擦等不利影响，保持了经济社会持续健康发展。

时光如白驹过隙，如期全面建成小康社会时不我待。确保到 2020 年实现全面建成小康社会宏伟目标，这是我们党向人民、向历史作出的庄严承诺。通过全党、全国人民的奋斗牺牲，我们全面建成小康社会的伟大业绩一定可以得到人民认可、经得起历史检验。

坚决打赢脱贫攻坚战

小康不小康，关键看老乡。小康路上，决不能落下一个贫困地区、一个贫困群众！坚决打赢脱贫攻坚战，是实现小康社会的重要保证，是中国共产党向全国人民作出的庄严承诺。

贫困是人类社会的顽疾。反贫困始终是古今中外治国安邦的一件大事。古往今来，凡追求善治者，大都致力于解决贫困问题，但真正能解决好贫困问题的却少之又少。

近代以来，西欧北美率先完成工业化、现代化。然而，社会贫困问题却并未随着物质财富的急剧增长而得到解决，贫富分化、发展鸿沟等问题更加严重。联合国极端贫困与人权问题特别报告员菲利普·奥尔斯顿在 2018 年发表的访美报告中指出，美国约有 4000 万人生活在贫困中，1850 万人生活在极端贫困中。广大发展中国家也面临贫困的重大挑战。根据联合国人居署《2016 年世界城市状况报告》，发展中国家贫民窟居民数量一直在上升，1990 年约为 6.9 亿，2000 年约为 7.9 亿，2014 年达到 8.8 亿。消除贫困是当今世界面临的最大全球性挑战。

在 2000 年召开的联合国千年首脑会议上，各国领导人通过了以减贫为首要目标的千年发展目标。从那时以来，各国为实现千年发展目标进行了不懈努力。在 2015 年 9 月召开的联合国发展峰会上，各国通过以减贫为首要目标的 2015 年后发展议程，再次展示了国际社会携手消除贫困的决心和信心。但是，由于种种原因，世界上贫富悬殊和南北差距扩大问题依然严重存在，贫困及其衍生出来的饥饿、疾病和社会冲突等一系列难题依然困扰着许多国家。构建一个没有贫困、共同发展的人类命运共同体，需要各国携起手来，同舟共济、攻坚克难。

中国一直是世界减贫事业的积极倡导者和有力推动者。一部中国史，就是一部中华民族同贫困作斗争的历史。从屈原"长太息以掩涕兮，哀民生之多艰"的感慨，到杜甫"安得广厦千万间，大庇天下寒士俱欢颜"的憧憬，再到孙中山"家给人足，四海之内无一夫不获其所"的夙愿……摆脱贫困，成了中国人民孜孜以求的梦想，也是实现中华民族伟大复兴中国梦的重要内容。

新中国成立以来，中国共产党带领人民向贫困宣战。经过改革开放的努力，我们成功走出了一条中国特色扶贫开发道路，为全面建成小康社会打下坚实基础。中国成为世界上减贫人口最多的国家，也是世界上率先完成联合国千年发展目标的国家。

但在我们这样一个东方大国，完全摆脱贫困并非易事。数据显示，截至2014年底，中国仍有7000多万农村贫困人口。

党的十八大以来，党中央鲜明提出，全面建成小康社会最艰巨最繁重的任务在农村特别是在贫困地区，没有农村的小康特别是没有贫困地区的小康，就没有全面建成小康社会；强调贫穷不是社会主义，如果贫困地区长期贫困，面貌长期得不到改变，群众生活水平长期得不到明显提高，那就没有体现我国社会主义制度的优越性，那也不是社会主义，必须时不我待抓好脱贫攻坚工作。

2012年年底，党的十八大召开后不久，党中央拉开了新时代脱贫攻坚的序幕。

2013年，党中央提出精准扶贫理念，创新扶贫工作机制。

2015年11月27日至28日，中央扶贫开发工作会议在北京召开。中共中央总书记、国家主席、中央军委主席习近平出席会议并发表重要讲话。他强调，消除贫困、改善民生、逐步实现共同富裕，是社会主义的本质要求，是我们党的重要使命。全面建成小康社会，是我们对全国人民的庄严承诺。脱贫攻坚战的冲锋号已经吹响。我们要立下愚公移山志，咬定目标、苦干实干，坚决打赢脱贫攻坚战，确保到 2020 年所有贫困地区和贫困人口一道迈入全面小康社会。[①] 这次工作会议提出实现脱贫攻坚目标的总体要求，发出打赢脱贫攻坚战的总攻令。

2017 年，党的十九大把精准脱贫作为三大攻坚战之一进行全面部署，锚定全面建成小康社会目标，聚力攻克深度贫困堡垒，决战决胜脱贫攻坚。

小康路上，一个都不能少。全面建成小康社会，核心在"全面"二字。决不让一个贫困地区落伍、一个贫困人口掉队，是体现社会主义优越性的重要标志。习近平总书记在第十九届中央政治局常委同中外记者见面会上再次强调，全面建成小康社会，一个不能少；共同富裕路上，一个不能掉队。[②]

习近平总书记亲自指挥、亲自部署、亲自督战，七次主持召开中央扶贫工作座谈会，50 多次调研扶贫工作，连续五年审定脱贫攻坚成效考核结果，连续七年在全国扶贫日期间出席重要活动或作出重要指示，连续七年在新年贺词中强调脱贫攻坚，每年在全国两会期间下团组同代表委员共商脱贫攻坚大计，多次回信勉励基层干部群众投身减贫事业。习近平总书记走遍全国 14 个集中连片特困地区，考察了 20 多个贫困村，深入贫困家庭访贫问苦，倾听贫困群众意见建议，了解扶贫脱贫需求。

┈┈┈┈┈┈

披荆斩棘寻常见，栉风沐雨应无悔。

---

① 《习近平在中央扶贫开发工作会议上强调 脱贫攻坚战冲锋号已经吹响 全党全国咬定目标苦干实干》，《人民日报》2015 年 11 月 29 日。
② 《人类减贫的中国实践》白皮书，中华人民共和国中央人民政府网站 2021 年 4 月 6 日。

　　我们不负总书记的殷殷嘱托，认真贯彻落实中央相关决策部署，把脱贫攻坚作为全面建成小康社会的底线任务，发扬钉钉子精神，敢于啃硬骨头，以更大的决心、更明确的思路、更精准的举措、更务实的办法，迎难而上，精准发力，为坚决打赢脱贫攻坚战付出了艰苦卓绝的努力——

　　"夫战，勇气也。"我们一鼓作气、乘势而上，集中力量全面完成了剩余脱贫任务；巩固脱贫攻坚成果防止返贫，及时做好返贫人口和新发生贫困人口帮扶；坚持现行脱贫标准，确保稳定实现"两不愁三保障"；保持脱贫攻坚政策总体稳定，抓紧研究接续推进减贫工作。

　　"咬定青山不放松，立根原在破岩中。"我们瞄准目标，精准发力。明确主攻方向，因人因地施策，因贫困原因施策、因贫困类型施策，切实提高了脱贫攻坚的针对性和有效性。切实做到精准识别扶贫对象、精准安排扶贫项目、精准使用扶贫资金、精准到户扶贫措施、精准做到因村派人、精准达到脱贫成效，真正扶到了点子上、帮到根子上；坚持加快发展与扶贫攻坚相结合，走统筹扶贫的路子，用发展的理念谋划扶贫，用发展的措施实施扶贫，引导各类项目、各方力量向扶贫攻坚集聚，助推产业发展，完善基础设施，使贫困村产生了"造血功能"，帮助贫困群众拔"穷根"、掘富源。

　　"小康不小康，关键看老乡。"打赢脱贫攻坚战，我们还协调推进了乡村振兴战略。乡村振兴战略是习近平总书记在党的十九大报告中提出的新时代"三农"工作战略。各级"三农"工作党员干部牢树"开局就是决战，起步就要冲刺"的理念，始终依靠党、依靠群众，认真落实创新、协调、开放、绿色、共享新发展理念，一步一个脚印，攻破难关，破解难题，突破瓶颈，扫清障碍，让农村地区群众在奋力追逐小康的征程中望得见山、看得见水、记得住乡愁，以对历史高度负责、对人民高度负责的担当精神领跑脱贫，共同谱写了坚决打赢脱贫攻坚战的辉煌诗篇，描绘了新时代乡村振兴的美好画卷。

"衙斋卧听萧萧竹，疑是民间疾苦声。"我们集中整治了群众反映强烈的突出问题。脱贫是全面小康的重中之重，是必须完成的硬任务。各级纪检监察机关深刻认识肩负的职责使命，坚持问题导向，对扶贫领域腐败和作风问题进行盘点梳理，着力加强对脱贫工作绩效、脱贫政策连续性稳定性，以及脱贫摘帽后"不摘责任、不摘政策、不摘帮扶、不摘监管"情况的监督检查，对搞数字脱贫、虚假脱贫的严肃问责，对贪污侵占、吃拿卡要、优亲厚友的从严查处，促进建立解决相对贫困的长效机制，推动脱贫攻坚政策措施落到实处。我们及时回应人民群众关切，坚持人民群众反对什么、痛恨什么，就坚决防范和纠正什么，精准查处涉黑涉恶腐败和"保护伞"案件，深入开展民生领域损害群众利益问题集中整治，根据不同领域和地域特点深化拓展，充分发挥基层党组织监督作用，引导群众有序参与，推动基层干部廉洁公平为群众办实事办好事。

"红雨随心翻作浪，青山着意化为桥。"2020年，我们以更大的决心、更强的力度，做好了脱贫攻坚的"加试题"。

这是一场特殊的"考试"。

如期实现脱贫攻坚目标任务本来就有许多硬骨头要啃，新冠肺炎疫情又增加了难度。新冠肺炎疫情带来的挑战涉及贫困劳动力外出务工、扶贫产品销售和产业发展、扶贫项目推进等多方面。受疫情的冲击，可能还会出现一部分返贫人口，脱贫的任务更重。

党中央高度重视新冠肺炎疫情对坚决打赢脱贫攻坚战的严重不利影响。2020年5月23日，习近平总书记看望参加全国政协十三届三次会议的经济界委员并参加联组会时要求，我们要努力克服新冠肺炎疫情带来的不利影响，付出更加艰辛的努力，坚决夺取脱贫攻坚战全面胜利。①

总书记的殷殷重托就是冲锋号。到2020年现行标准下的农村贫困人口全部脱贫，是党中央向全国人民作出的郑重承诺，尽管严重的疫情冲击突如其来，但我们目标不变、决心不变！

这是因为，经过实事求是的科学研判，我们认为，即使有疫情冲击，但在党中央的坚强领导下，脱贫攻坚走向胜利的基本面不会变，贫困地区逐步完善的基础设施、贫困劳动力逐渐掌握的增收技能、贫困户逐步增强的脱贫信心、地区愈发丰富的增收体系不会变。

基于科学认识，我们紧盯薄弱环节，严格落实摘帽不摘责任、摘帽不摘政策、摘帽不摘帮扶、摘帽不摘监管的要求，做好防止返贫工作，想方设法巩固提升脱贫质量。同时，抓好脱贫攻坚各类问题整改，强化督导检查，压实各级工作责任，最大限度降低疫情影响，确保了脱贫攻坚圆满收官，做到了疫情防控和脱

---

① 《习近平在看望参加政协会议的经济界委员时强调 坚持用全面辩证长远眼光分析经济形势 努力在危机中育新机于变局中开新局》，《人民日报》2020年5月24日。

贫攻坚"两手都要硬、两战都要赢"。

我们巩固"两不愁三保障"①成果，防止反弹。加强社会保障，认真细致地做好贫困人口最低生活保障、失业保障、特困救助、养老等工作，实现应保尽保，最大程度降低返贫风险。特别是疫情下的"三区三州"②等深度贫困地区的脱贫工作，一直牵扯着全国人民的心。我们聚焦这些重点地区，坚持目标导向、问题导向、结果导向，付出更加艰辛的努力，啃下了托脱贫攻坚战的最后的硬骨头！

…………

艰难困苦，玉汝于成。

经过全党全国各族人民共同努力，我国脱贫攻坚战取得了全面胜利。截至 2021 年 2 月底，我国现行标准下 9899 万农村贫困人口全部脱贫，832 个贫困县全部摘帽，12.8 万个贫困村全部出列，区域性整体贫困得到解决，完成了消除绝对贫困的艰巨任务，创造了又一个彪炳史册的人间奇迹。③

斗转星移，岁月如歌。

经过多年的不懈奋斗，我国农村贫困人口全部脱贫，为实现全面建成小康社会目标任务作出了关键性贡献；脱贫地区经济社会发展大踏步赶上来，整体面貌发生历史性巨变；脱贫群众精神

---

① 易地扶贫搬迁的主要目标是实现贫困人口"两不愁三保障"。"两不愁"即不愁吃、不愁穿；"三保障"即义务教育、基本医疗、住房安全有保障。

② "三区"是指西藏自治区和青海、四川、甘肃、云南四省藏区及南疆的和田地区、阿克苏地区、喀什地区、克孜勒苏柯尔克孜自治州四地区，"三州"是指四川凉山州、云南怒江州、甘肃临夏州。其中，四川凉山州是全国 14 个集中连片特困地区之一，也是全国最大的彝族聚居区、典型的深度贫困地区。三区三州是国家层面的深度贫困地区，是国家全面建成小康社会最难啃的"硬骨头"。

③ 杨迅、殷新宇、吕强、刘军国：《"人类社会发展史上前所未有的创举"——外国媒体热议中国脱贫攻坚战取得全面胜利》，《人民日报》2021 年 3 月 1 日。

风貌焕然一新，增添了自立自强的信心勇气；党群干群关系明显改善，党在农村的执政基础更加牢固；创造了减贫治理的中国样本，为全球减贫事业作出了重大贡献。

幸福不会从天降。脱贫攻坚取得举世瞩目的成就，靠的是党的坚强领导，靠的是中华民族自力更生、艰苦奋斗的精神品质，靠的是新中国成立以来特别是改革开放以来积累的坚实物质基础，靠的是一任接着一任干的坚守执着，靠的是全党全国各族人民的团结奋斗。

"捧着一颗心来，不带半棵草去。"在脱贫攻坚工作中，数百万扶贫干部倾力奉献、苦干实干，同贫困群众想在一起、过在一起、干在一起，将最美的年华无私奉献给了脱贫事业，涌现出许多感人肺腑的先进事迹。

这其中，有 35 年坚守太行山的"新愚公"李保国；

有献身教育扶贫、点燃大山女孩希望的张桂梅；

有用实干兑现"水过不去、拿命来铺"誓言的黄大发；

有扎根脱贫一线、鞠躬尽瘁的黄诗燕；

…………

从西北边陲到云贵高原，从大别山区到乌蒙山区，这些扶贫干部不辱使命，淬炼成钢，舍小家为大家，是"全面建成小康社会，一个不能少"这一铿锵承诺的忠实履行者。

黄文秀，就是这些扶贫一线的英雄中的一名优秀共产党员。

黄文秀同志生前是广西壮族自治区百色市委宣传部干部。2016 年硕士研究生毕业后，她自愿回到百色革命老区工作，主动请缨到贫困村百坭村担任驻村第一书记。

　　黄文秀同志时刻牢记党的嘱托，赓续传承红色传统，立下脱贫攻坚任务"不获全胜、决不收兵"的铿锵誓言。她自觉践行党的宗旨，始终把群众的安危冷暖装在心间，推动实施百坭村村屯亮化、道路硬化和蓄水池修建等工程项目，带领群众发展多种产业，为村民脱贫致富倾注了全部心血和汗水。

　　为了快速融入，黄文秀挨家挨户走访，并且做了手绘地图。

　　当地人习惯说桂柳话方言，黄文秀就私下练习，没有几个月，她和贫困户就可以完整地用方言交流了；为了脱贫，她帮村里引进了砂糖橘种植技术，还教村民做电商；为了整治村里的环境，她协调给每个村建起了垃圾池；为了让村里孩子了解外面的世界，暑假里，她联系母校志愿者来村里跟孩子们一起活动。

　　黄文秀深知，教育可以改变农村孩子的命运，她主动帮村里一位贫困户的两个孩子申请下来助学贷款。

　　在黄文秀的驻村笔记里，她写道："每天都很辛苦，但心里很快乐。"生前接受当地电视台采访时，她说的都是扶贫。

　　2019年6月16日深夜，黄文秀利用周末回家看望病重的父亲。6月17日凌晨，黄文秀在突发山洪中不幸遇难，献出了年仅30岁的宝贵生命。

　　黄文秀同志用生命诠释了自己的入党初心与使命。

　　黄文秀同志被追授"全国三八红旗手""全国脱贫攻坚模范"等称号。

　　黄文秀的先进事迹宣传报道后，在社会上引起热烈反响。

　　中共中央总书记、国家主席、中央军委主席习近平对黄文秀同志先进事迹作出重要指示表示，黄文秀同志不幸遇难，令人痛惜，向她的家人表示亲切慰问。他强调，黄文秀同志研究生毕业后，放弃大城市的工作机会，毅然回到家乡，在脱贫攻坚第一线倾情投入、奉献自我，用美好青春诠释了共产党人的初心使命，谱写了新时代的青春之歌。广大党员干部和青年同志要以黄文秀同志为榜样，不忘初心、牢记使命，勇于担当、甘于奉献，在新时代的长征路上做出新的更大贡献。①

广大干部群众认为，黄文秀同志是在脱贫攻坚伟大实践中涌现出来的时代楷模和先锋模范，是用生命坚守初心使命的优秀青年共产党员。广大党员和青年表示，要深入学习贯彻习近平新时代中国特色社会主义思想，增强"四个意识"，坚定"四个自信"，做到"两个维护"，广泛开展向黄文秀同志学习活动，以昂扬的精神状态和奋斗姿态，积极投身脱贫攻坚、决胜全面小康的伟大事业，走好新时代的长征路……

有一种付出，是敢作敢当的勇气，在贫困堡垒的攻坚之地，做贫穷的掘墓者，当百姓的知心人；有一种奉献，是痴心无悔的坚守，在大山重重的偏远之地，扛起脱贫攻坚的重任；有一种奋斗，是关键时刻冲锋在前，用目标之光照亮脚下的贫瘠之地！

和黄文秀同志一样，在脱贫攻坚斗争中，1800多名同志将生命定格在了脱贫攻坚征程上，生动诠释了共产党人的初心使命。在这些牺牲在扶贫一线的英雄们中，有跟时间与死神赛跑的县委书记，有终其一生立"碑"于众口的老支书，有自己倒下儿子"火线"入党的村干部。既有年长者也有年轻的生力军，还有党员干部、共青团员，也有普通群众……

---

① 《习近平对黄文秀同志先进事迹作出重要指示》，新华网2019年7月1日。

热血浇开自由花。

这一份份沉甸甸的牺牲者名单，不仅承载着脱贫攻坚的硕果，更是一份份扶贫工作者的优异答卷。事实充分证明，中国共产党具有无比坚强的领导力、组织力、执行力，是团结带领人民攻坚克难、开拓前进最可靠的领导力量。

百尺竿头，更进一步。

站在新的历史方位上，我们将弘扬脱贫攻坚精神，努力实现巩固拓展脱贫攻坚成果同乡村振兴有效衔接，通过建立完善农村低收入人口和欠发达地区帮扶机制，保持主要帮扶政策和财政投入力度总体稳定，接续推进脱贫地区发展，提升脱贫地区整体发展水平，不断巩固提升脱贫攻坚成果，不断夺取坚持和发展中国特色社会主义新的更大的胜利！

补齐全面建成小康社会的短板

全面建成小康社会胜利在望，但仍存在许多不容忽视的短板。

2020年第11期《求是》杂志刊发了习近平总书记重要文章《关于全面建成小康社会补短板问题》。这篇马克思主义光辉文献为各地各部门和广大党员干部深入推进全面建成小康社会工作指明了工作重点和主攻方向。

文章指出，要集中优势兵力打歼灭战。具体来说，一是要全面完成脱贫攻坚任务。二是要解决好重点地区环境污染突出问题。三是要加快民生领域工作推进。四是要健全社保兜底机制。

补短板之策来源于"木桶理论"。

"木桶理论"是个物理学课题，也可称为"短板效应"，是说一只木桶能盛多少水，并不取决于最长的那块木板，而是取决于最短的那块木板。

"木桶理论"延伸到社会学领域，是指任何一个组织，可能面临的一个共同问题，即构成组织的各个部分往往是优劣不齐的，而劣势部分往往决定整个组织的水平。

因此，整个社会与我们每个人都应思考一下自己的"短板"，并尽早补足它。

同样，奋力夺取全面建成小康社会的伟大胜利，必须紧紧扭住实现全面小康的短板，在补齐短板上多用力。

这就要求我们在全面建成小康社会工作中要把握好三个方面的关系：一是整体目标和个体目标的关系，二是绝对标准和相对标准的关系，三是定量分析和定性判断的关系。现阶段，要把握好这"三对关系"，就需要辩证地看待全面小康与脱贫攻坚的内在联系与逻辑思路。以把握好整体目标和个体目标的关系为例，需要有以下几点明确认识——

全面建成小康社会是国家整体目标。习近平总书记指出："总体而言，我国已经基本实现全面建成小康社会目标，成效比当初预期的还要好。"[1] 这是以习近平同志为核心的党中央立足我国国情，从综合发展指标、人民生活水平、基础设施和公共服务等多方面、多角度充分论证作出的重要判断，是几代人一以贯之、接续奋斗的重要成果。整体目标讲求宏观全面，是国家总体发展战略的一个重要坐标位。牢牢把握整体目标，就是从全局上

---

① 习近平：《关于全面建成小康社会补短板问题》，《求是》2020 年第 11 期。

把握事物的联系，立足于全面，统筹兼顾各方，选择最佳方案，实现整体的最优目标，从而达到整体功能大于部分功能之和的理想效果。全面小康的核心指标都是硬杠杠，是必须完成的硬任务。"基本实现全面建成小康社会目标"的判断，意味着我国第一个百年目标理想即将成为现实，其意义深远。中华民族千百年来"民亦劳止，汔可小康"的憧憬将变为现实，这在实现中华民族伟大复兴的历史进程中具有里程碑意义。

全面小康不是平均主义，不是人人同步同等小康。党的十八大以来，中国经济社会整体稳中向好，取得了实实在在、有目共睹的优异成绩，成为发展中国家的"优等生"。但是，建成了全面小康社会并不意味着人人都过上同样的平均式的小康生活。我国文化风俗、发展基础千差万别，实现每个个体目标完全均等发展显然是不现实的。就目前而言，在小康生活的实现程度上，如果生硬地用一把标尺来丈量每一个个体，很可能会得出不平等不公正的错误结论来。因此，在制定个体发展目标时，大到一个地区、一个省、一个县，小到一个乡镇、一个村、一个家庭、一个贫困人口，都要量体裁衣、设定客观实际的"小目标"；要避免好高骛远、盲目攀比，防止不切实际吊高胃口。譬如各地区的工作目标就应各有侧重，中西部欠发达地区要继续集中优势兵力坚决啃下硬骨头、完成硬任务，发展水平较高的一些东部地区，要走在前面，向更高目标进军。

补短板是全面建成小康社会的硬任务。在小康目标上，既不搞一刀切、整齐划一，也要坚持底线目标、底线思维。毕竟整体目标具有长远性、全局性，事关国家发展战略。同时，整体目标又是所有个体目标的集合与有机构成体，表达的是一个休戚相关的命运共同体。为了更好地实现整体目标，就需要在一个个个体目标上下工夫，补短板、抓重点、强弱项，不能把整体和个体目标对立、割裂开来。现阶段，我国一些贫困地区群众困难多，困难群众多，同全国一道实现全面建成小康社会目标难度还较大。为此，习近平总书记强调："让人民过上幸福美好的生活是我们的奋斗目标，全面建成小康社会一个民族、一个家庭、一个人都不能少。"①

补齐短板，说干就干！在习近平总书记关于全面建成小康社会补短板重要指示精神的指引下，各级部门各个地区找准补短板方向，集中优势资源，力克小康社会的各项短板取得了显著成效——

明晰补短板任务，压实责任。担当是履职的"发动机"，心中有责才能履职尽责。为补齐全面建成小康社会的短板，各级党委和政府认真履行主体责任，各级领导干部咬定目标、真抓实干，团结带领广大人民群众不懈奋斗。各地发展水平有差异，全面建成小康社会收官阶段的工作也各有侧重。我们既为全面建成小康社会跑好"最后一公里"，又为乡村振兴"加加速"，为实现"两个一百年"奋斗目标而不懈奋斗，不断压实帮扶责任，落实帮扶措施，攻坚克难，砥砺前行，做出了无愧时代的成绩。

坚定补短板信心，团结一致。越到关键时刻，越是考验中华儿女攻坚克难、勇攀高峰的决心和信心。在全面建成小康社会收

---

① 彭心韫、陆雪苑、祝舒铭：《招招务实，习近平精准把脉少数民族整族脱贫》，人民网 2020 年 7 月 9 日。

官之际，这份小康答卷即将迎来党和人民的审阅，只有百分百的信心和努力才能换来人民百分百的满意。只有把工作做实、把责任压实、把措施落实，才能为奔赴全面小康社会打通"最后一堵墙"。全面建成小康社会，说到底靠的是广大干部民众实干、巧干、齐心干，在"干"字上下功夫。

特别是在全面完成脱贫攻坚任务方面，广大党员干部坚持正确的方向，贯彻精准扶贫精准脱贫基本方略，有重点、有针对性地帮扶扶贫对象，把扶贫工作重心向深度贫困地区聚焦，在普遍实现"两不愁"的基础上，重点攻克"三保障"面临的最后堡垒，加快民生领域工作推进，健全社会兜底机制，完善最低生活保障制度，实现应保尽保，确保兜住基本生活底线，为坚决打赢脱贫攻坚战奠定了坚实的基础。

时光不负奋斗者，岁月眷顾追梦人。广大党员干部坚决贯彻习近平总书记重要指示精神，聚焦决胜全面建成小康社会的短板弱项，既不急躁蛮干，也不消极拖延，既不降低标准，也不吊高胃口，确保焦点不散、靶心不变，方法多元，坚决补短板、补弱项，坚持跑好全面建成小康社会"最后一公里"，得到了人民群众的衷心拥护，书写了彪炳史册的伟大功勋。

充分发挥中国特色社会主义制度优势

"法与时转则治，治与世宜则有功。"制度问题更带有根本性、全局性、稳定性和长期性。全面建成小康社会惠及全体中国人民，一个都不能少，集中体现了中国共产党领导和中国特色社会主义制度的显著政治优势。

2020 年 3 月 6 日，习近平总书记在决战决胜脱贫攻坚座谈会上的讲话指出："总的看，我们在脱贫攻坚领域取得了前所未有的成就，彰显了中国共产党领导和我国社会主义制度的政治优势。"2020 年 6 月 8 日至 10 日，他在宁夏考察时又强调："各民族团结携手，共同迈进全面小康，体现了中华民族优良传统，体现了中国特色社会主义制度的显著优势。"①

新时代新方位新任务，如何坚持和完善中国特色社会主义制度，推进国家治理体系和治理能力现代化，确保 2020 年全面建成小康社会圆满收官，是一项重大而紧迫的战略任务。

2019 年 10 月 28 日至 31 日，在新中国成立 70 周年之际，在"两个一百年"奋斗目标历史交汇点上，党的十九届四中全会胜利召开。

这是一次具有开创性、里程碑意义的重要会议。

这次全会聚焦坚持和完善中国特色社会主义制度、推进国家治理体系和治理能力现代化这一主题，审议通过《中共中央关于坚持和完善中国特色社会主义制度、推进国家治理体系和治理能力现代化若干重大问题的决定》（《决定》），具有十分重要的现实意义和深远的历史意义，也是指导我们决胜全面建成小康社会的纲领性文件之一。

《决定》指出，我国国家制度和国家治理体系具有坚持以人民为中心的发展思想，不断保障和改善民生、增进人民福祉，走共同富裕道路等多方面的显著优势。

这些显著优势，是我们坚定中国特色社会主义道路自信、理

---

① 《各民族团结携手 共同迈进全面小康》，人民网 2020 年 6 月 24 日。

论自信、制度自信、文化自信的基本依据，也是我们全面建成小康社会的基本保障。

全会提出，坚持和完善统筹城乡的民生保障制度，满足人民日益增长的美好生活需要。增进人民福祉、促进人的全面发展是我们党立党为公、执政为民的本质要求。必须健全幼有所育、学有所教、劳有所得、病有所医、老有所养、住有所居、弱有所扶等方面国家基本公共服务制度体系，注重加强普惠性、基础性、兜底性民生建设，保障群众基本生活。满足人民多层次多样化需求，使改革发展成果更多更公平惠及全体人民。要健全有利于更充分更高质量就业的促进机制，构建服务全民终身学习的教育体系，完善覆盖全民的社会保障体系，强化提高人民健康水平的制度保障。坚决打赢脱贫攻坚战，建立解决相对贫困的长效机制。

…………

可以说，正是中国特色社会主义的这些具体制度，为我们全面建成小康社会、坚决打赢脱贫攻坚战，奠定了扎实的制度基础。

"天下之事，不难于立法，而难于法之必行。"各地区各部门要坚决贯彻落实《决定》，在推进国家治理体系和治理能力现代化上下足功夫，充分发挥中国特色社会主义制度保障作用，坚定不移贯彻创新、协调、绿色、开放、共享的新发展理念，推动高质量发展。切实把党领导经济工作的制度优势转化为治理效能。

中国特色社会主义制度和国家治理体系也让我们在迎战百年未有之大变局、克服新冠肺炎疫情等种种不利影响、如期实现全面建成小康社会的伟大历史进程中底气更足、成效更大！

众所周知，新冠肺炎疫情是新中国成立以来传播速度最快、感染范围最广、防控难度最大的一次重大突发公共卫生事件。这次疫情对我们 2020 年如期全面建成小康社会有一定影响。

疫情暴发以来，我们在以习近平同志为核心的党中央坚强领导下，充分发挥中国特色社会主义制度独特的党的集中统一领导的优势、坚持全国一盘棋的优势、高效的社会动员的优势、应急举措坚决果断等的抗击严重疫情的制度优势，成功扭转了疫情在国内蔓延的形势，有效保护了人民群众的健康，各行各业复工复产有序进行，国民经济运行持续复苏，我国人民对如期建成小康社会的决心更大、信心更足！

中国特色社会主义制度在抗击疫情中充分展现出来的制度优势，也得到世界有识之士的高度赞赏——

美国有线电视新闻网（CNN）、《俄罗斯报》等外媒纷纷用"史无前例"来赞赏中方的积极应对。

德国《世界报》网站援引专家观点认为，中国制度在危机形势下效力巨大。

时任世界卫生组织总干事评价说："中方行动速度之快、规模之大，世所罕见，展现出中国速度、中国规模、中国效率，我们对此表示高度赞赏。这是中国制度的优势，有关经验值得其他国家借鉴。"

…………

我们坚信，在以习近平同志为核心的党中央坚强领导下，我们充分发挥社会主义制度的优越性，坚决贯彻落实党中央决策部署，紧紧依靠人民群众，持之以恒地把各项政策落实到位，就一定能够打赢这场没有硝烟的战争。

办好中国的事情，关键在党。中国共产党领导是中国特色社会主义最本质的特征，是中国特色社会主义制度的最大优势。全面建成小康社会，还必须坚持党的不忘初心、牢记使命的制度。《决定》在部署"坚持和完善党的领导制度体系，提高党科学执政、民主执政、依法执政水平"工作时要求："建立不忘初心、牢记使命的制度。"

中国共产党人的初心和使命，就是为中国人民谋幸福，为中华民族谋复兴。这个初心和使命是激励中国共产党人不断前进的根本动力。新冠肺炎疫情发生以来，各级党员干部坚持不忘初心、牢记使命的制度，遵守党章，恪守党性，主动请战，挺身而出，下沉到疫情防控的最基层、物资供应的大后方、复工复产的工厂车间，不畏艰险，勇挑重担，以实际行动践行初心使命、书写责任担当。神州大地上，涌现出一幕幕共产党员冲锋在前、无私奉献的感人画面——

午夜时分的上海浦东国际机场，灯火通明，忙碌依旧。

常延润乘坐班车到达航站楼，开始零点到早上八点的又一个夜班。

这里是他连续奋战多天的"新战场"。作为上海市静安区民防办副调研员，常延润 2020 年 3 月 6 日下沉到浦东机场，支援入境人员接送工作。

接到支援机场的通知，常延润第一时间报了名。他说："严防境外输入是当前疫情防控的重中之重，作为党员干部，防控一线有需要，就要毫不犹豫地顶上、不折不扣地做好！"

在此之前，他刚刚结束近一个月在上海火车站的防疫志愿服务。从"铁路大门"到"空中大门"，疫情防控最前沿一直有他的身影。

口罩、手套、防护服……全副武装后，常延润走进机场临时转送工作区，为辖区内的入境人员登记信息并根据情况安排转送。航班到港时间不定，常延润和同事要一直等待，随时反应。

天气转暖，防护服越来越闷热，还要在航站楼与停车场之间来回奔走，一个班次下来不知道要出几身汗。

常延润不是一个人在战斗。部分数据统计，在抗击疫情的关键时期，湖北全省58万余名党员干部下沉社区（村），北京市7.4万余名机关企事业单位党员干部下沉社区（村）……无数常延润式的下沉党员干部，义无反顾地奋战在最危险、最艰苦的一线。

下沉干部中，不乏巾帼英雄。

大年初二，刚在单位值完班的郑州市审计局下沉干部邹鹭，接到通知马不停蹄地赶到四棉社区。

四棉社区属于老旧小区，流动人员多、老年人多，东社区有确诊病例，而东、西两个社区共用一个出入通道，防控压力大，容不得半点松懈。

扫码登记、测量体温，给隔离人员拿行李、送生活物资，每周至少三次夜查……在邹鹭和社区工作人员的共同努力下，四棉社区的卡点工作有条不紊。

作为社区门口的"新面孔"，如何获得居民的信任和配合，邹鹭有独特的"武器"。邹鹭笑言:"我从事审计工作,一些老年人经常会向我咨询政务办理问题。"社区居民遇到的法律事务、房屋过户、退休手续办理……任何鸡毛蒜皮的小事,她都会知无不言、竭诚相助。

社区工作千头万绪,邹鹭每晚回到家,几乎都已是深夜。家人熟睡的场景,是邹鹭这些天看到的最熟悉又心酸的画面。2020年3月16日是儿子的生日,忙碌了一天的邹鹭却忘记了。

"妈妈,这是我过得最孤独的一个生日",儿子的短信让邹鹭忍不住掉下眼泪。

疾风知劲草,烈火见真金。人民群众的安心和信心,是对下沉干部责任与担当的最好赞美。

正是无数的优秀党员干部坚守不忘初心、牢记使命的制度,在抗疫斗争的各条战线上冲锋在前、吃苦在前,坚持用初心温暖民心,用行动诠释使命,才确保了我们的抗疫斗争取得了让世人为之钦叹的巨大成绩!

环球炎凉有异。截至2020年7月15日,在我国抗疫斗争持续向好的形势下,全球疫情却呈现出持续上升的特征。美洲、亚洲、非洲、中东地区疫情总体上均呈现逐渐上升的态势,仅欧洲区域疫情平稳,但仍维持在较高流行水平。部分国家疫情一路持续上升,几乎失去控制。部分国家在疫情得到较好控制后,又出现不同程度的反弹。

风景这边独好。我国抗击新冠肺炎的阶段性胜利,使全国人民真切感受到中国特色社会主义制度的显著优势,从而对中国特色社会主义制度更加自信,这种制度自信推动着全面建成小康社会如期实现，推动着中华民族以更加昂扬的姿态走向未来。

坚定不移全面从严治党

治国必先治党，治党务必从严。

习近平总书记在庆祝中国共产党成立 100 周年大会上的讲话中指出："一百年前，中国共产党成立时只有 50 多名党员，今天已经成为拥有 9500 多万名党员、领导着 14 亿多人口大国、具有重大全球影响力的世界第一大执政党。"

作为一个有 9000 多万名党员的大党，作为一个在有着 14 亿多人口的大国长期执政的党，作为一个在中国这个古老的东方大国全面建成小康社会的党，党的建设关系重大、牵动全局。

推进新时代党的建设伟大工程，必须坚决贯彻落实新时代党的建设总要求，坚持和加强党的全面领导，坚持党要管党、全面从严治党，以加强党的长期执政能力建设、先进性和纯洁性建设为主线，以党的政治建设为统领，以坚定理想信念宗旨为根基，以调动全党积极性、主动性、创造性为着力点，全面推进党的政治建设、思想建设、组织建设、作风建设、纪律建设，把制度建设贯穿其中，深入推进反腐败斗争，不断提高党的建设质量，把党建设成为始终走在时代前列、人民衷心拥护、勇于自我革命、经得起各种风浪考验、朝气蓬勃的马克思主义执政党。

"子帅以正，孰敢不正？"

以全面建成小康社会中党狠抓反官僚主义和形式主义工作为例，我们可以深切感受到以习近平同志为核心的党中央领导集体全面从严治党的坚强决心。

每一位共产党员都深知，作风建设是攻坚战，也是持久战，必须持续努力、久久为功。一段时期以来，作风问题我们一直在抓，但很多问题不仅没有解决反而愈演愈烈，一些不良作风像割韭菜一样，割了一茬长一茬。症结就在于对作风问题的顽固性和反复性估计不足，缺乏常抓的韧劲、严抓的耐心，缺乏管长远、固根本的制度。

不信东风唤不回。面对严峻复杂的形势，各级党组织团结和带领广大党员干部，不忘初心、牢记使命，敏锐抓住全面建成小康社会这个关键重点，从各项工作细节入手，坚决反对官僚主义和形式主义，全力攻坚，久久为功，赢得了广大人民群众的充分信赖——

他们继续对发文开会实行计划管理和限额管理，着力提高文件会议质量，坚决防止文山会海反弹回潮。不断改进督查检查考核方式方法，持续完善效能目标管理考核指标体系，不断巩固"一票否决"、责任状、评选表彰事项清理成果，严格落实督查检查管理制度，大力整治"指尖上的形式主义"。

他们着力提高调查研究实效，加强统筹管理，坚持领导干部带头到基层一线开展随机调研、蹲点调研、解剖麻雀式调研，察实情、听真话、取真经，真正把问题解决在田间地头、工厂车间、施工现场。

他们强化责任担当，凝聚合力、一抓到底，推动工作提质增效。不断强化机制建设，把"当下治"与"长久立"结合起来，持续巩固基层减负实效。

各级领导干部坚持以上率下，以身作则、率先垂范，一级做给一级看，抓好本级带下级。持续强化党性教育，引导广大党员干部进一步转变工作作风，督促各级各部门落实为基层减负各项措施，推动基层焕发新活力，建立崇尚实干、主动担当、加油鼓劲的正向激励体系，激励干部担当作为，推动作风建设取得更大实效。

广大党员坚决听从党的指挥，与人民同呼吸、共命运、心连心，把人民对美好生活的向往作为奋斗目标，坚决反对官僚主义和形式主义，以永不懈怠的精神状态和一往无前的奋斗姿态，为决胜全面建成小康社会提供了坚强作风保证。

…………

不忘初心，方得始终。全面严格的要求，培育和锻造了无数忠诚、干净、担当的优秀共产党员。

坚守初心、淡泊名利、严守纪律、永远跟党走的全国优秀共产党员、时代楷模廖俊波同志，就是其中的杰出代表。

廖俊波同志是用生命践行"忠诚、干净、担当"要求的好干部，是全面建成小康社会征程中涌现出的又一位优秀共产党员，是新时代共产党人的学习楷模。

廖俊波同志是福建浦城人，他生于1968年，生前担任南平市委常委、常务副市长兼武夷新区党工委书记。历任邵武市拿口镇镇长、党委书记，邵武市副市长，南平市政府副秘书长，荣华山产业组团管委会主任，政和县委书记，南平市副市长。2015年荣获"全国优秀县委书记"称号。

2017年3月18日晚，廖俊波同志在赶往武夷新区主持召开会议途中不幸发生车祸，因公殉职，年仅48岁。

2017年6月6日，中共中央追授廖俊波同志"全国优秀共产党员"称号；20日，中宣部追授廖俊波"时代楷模"荣誉称号。

廖俊波同志毕生笃定社会主义和共产主义理想信念，他长期在艰苦地区工作，始终牢记党的宗旨，把对党忠诚、爱拼敢闯作为自己立身行事之本。任政和县委书记期间，他大力发展现代农业，全县经济社会发展成效显著，全县贫困人口减少三万多人。任南平市委常委、副市长期间，他致力于城市规划建设，有力支撑南平经济社会发展。兼任武夷新区党工委书记期间，他组织开展"新区建设攻坚战"，实行片区指挥长负责制，推动项目提速提效，创造了"俊波速度"。

廖俊波同志勤奋敬业，几十年如一日，对工作孜孜以求，舍小家、顾大家，夙夜在公，废寝忘食，从不叫苦叫累，一直忙到生命的最后一刻。他抓工作能在现场就不在会场，始终奔忙在招商引资、项目建设、园区开发等工作一线，曾经在三天内跑了四个城市、会见了六批客商。

廖俊波同志以"肝胆干事、干净做人"作为自己的座右铭。他严格遵守党员领导干部廉洁自律规范，坚持廉洁从政用权、修身齐家，自觉践行共产党人价值观。

参加工作以来，廖俊波同志从不利用权力、地位的便利为自己和亲属牟取私利。他经常叮嘱家人，不能搞特殊，要以更高的标准严格要求自己，多付出、多奉献，踏实做事，干净做人。同事们都说，他在领导岗位工作多年，从没听到什么关于他是非的议论。只要"朋友关系"，不要"利益关系"是他做人和交友的原则。廖俊波同志到武夷新区任职后公开表态："谁要是打着我的旗号搞工程，你们要马上拒绝，我没有这样的亲戚！"很多企业家说，廖俊波这个人就是引资的"软环境"。他身边的司机说，有的客商想通过他给廖俊波送礼，他不用请示就直接回绝了，因为他深知俊波的性格，这么做肯定错不了。

生活中，廖俊波同志始终廉以自守，加班熬夜是常态，却从不给自己开小灶。他十分注重家风家教，时常叮嘱家人保持低调，不能搞特殊。他父亲想儿子去政和看他，他事先跟父亲"约法三章"：只能住在父亲的朋友家里，不能住宾馆，不能收土特产，不能在外接受吃请。廖俊波同志身为领导干部，一家人仍住在普通的居民楼里，家中装修简朴、陈设简单。

廖俊波同志谦虚谨慎、克己奉公、清正廉洁的道德情操，赢得了广大党员干部群众的赞誉。同事朋友们都说，他浑身阳光、清澈透亮，满满的都是正能量。

廖俊波同志因公殉职后，南平群众十分悲痛。

中共中央总书记、国家主席、中央军委主席习近平对廖俊波同志先进事迹作出重要指示时强调，廖俊波同志任职期间，牢记党的嘱托，尽心尽责，带领当地干部群众扑下身子、苦干实干，以实际行动体现了对党忠诚、心系群众、忘我工作、无私奉献的优秀品质，无愧于"全国优秀县委书记"的称号。广大党员、干部要向廖俊波同志学习，不忘初心、扎实工作、廉洁奉公，身体力行把党的方针政策落实到基层和群众中去，真心实意为人民造福。①

斯人已逝，风范长存。

---

① 《习近平对廖俊波同志先进事迹作出重要指示》，新华网2017年4月14日。

廖俊波的一生，是担当作为的一生，也是两袖清风的一生，他"肝胆干事、干净做人"的座右铭，将激励着新时代共产党人薪火相传，为中国人民实现更美好生活而接续奋斗。

一个国家、一个政党，作风问题至关重要。我们这样的大党，要凝聚全党、团结人民、战胜挑战、破浪前进，保证我们党始终成为坚强有力的马克思主义执政党、始终成为中国特色社会主义的坚强领导力量，确保我们如期全面建成小康社会，全党必须有一个优良的作风，必须培育千千万万个廖俊波同志这样的优秀共产党员，必须坚定不移地坚持全面从严治党。

此刻梦圆照丹心

40多年风雨同舟，40多年披荆斩棘，40多年砥砺奋进，我们党带领人民绘就了一幅全面建成小康社会的波澜壮阔、气势恢弘的历史画卷，谱写了一曲感天动地、气壮山河的奋斗赞歌，终于迎来了属于自己的收获季节。

2021年7月1日，在庆祝中国共产党成立100周年大会上，习近平总书记代表党和人民庄严宣告："经过全党全国各族人民持续奋斗，我们实现了第一个百年奋斗目标，在中华大地上全面建成了小康社会，历史性地解决了绝对贫困问题，正在意气风发向着全面建成社会主义现代化强国的第二个百年奋斗目标迈进。"

习近平总书记的庄严宣告，响彻寰宇，掷地有声，令广大中华儿女振奋不已，也让世界的目光再次聚焦中国——中华民族孜孜以求的千年梦想，在此刻成为现实；中国共产党人坚持不懈的百年奋斗，在此刻结出硕果！

这是中华民族的伟大光荣。今天的小康社会是一个经济发展、政治民主、文化繁荣、社会和谐、生态优美、人民幸福的全面发展进步的社会，超越了中国历史上任何一个"治世"和"盛世"。一项项彪炳史册的发展成果，激荡国家富强、人民幸福的崭新气象。中华民族迎来了从站起来、富起来到强起来的伟大飞跃，实现中华民族伟大复兴进入了不可逆转的历史进程。

这是中国人民的伟大光荣。2020 年我国经济总量突破百万亿元大关，人均 GDP 连续两年超过 1 万美元；2020 年全国居民人均可支配收入 32189 元；高铁运营总里程达 3.8 万公里，位居世界第一；我国连续 11 年保持世界第一制造大国地位。[①] 全面建成了小康社会托起中国人民的获得感、幸福感和安全感。中国人民充满自信，向共同富裕的目标扎实前进，用双手创造更加美好的生活。

这是中国共产党的伟大光荣。百年沧桑写丹心，中国共产党人把人民对美好生活的向往作为自己的不懈追求，一以贯之，砥砺奋斗，一步一个脚印，如期兑现了庄严承诺，写下了彪炳史册的光辉篇章，充分彰显了中国共产党领导和中国特色社会主义制度优势。在全面建成小康社会的历史进程中，中国人民更加深刻地认识到：中国共产党具有无比坚强的领导力、组织力、执行力，是中国人民最可靠、最坚强的主心骨，党的领导是党和国家的根本所在、命脉所在，是全国各族人民的利益所系、命运所系。

---

① 王浩、朱隽、刘诗瑶、郁静娴：《在中华大地上全面建成了小康社会 实现中华民族伟大复兴的重要里程碑》，《人民日报》2021 年 7 月 5 日。

彩云长在有新天。

江山就是人民、人民就是江山，我们党打江山、守江山，守的是人民的心，为的是让人民过上好日子。新时代新方位新征程，我们要踏着奋进的步伐，充分汲取党带领全国各族人民全面建成小康社会的伟大历史经验，紧紧团结在以习近平同志为核心的党中央周围，高举中国特色社会主义伟大旗帜，牢牢把握党的基本路线不动摇，不断推进新时代党的建设伟大工程，不忘初心、牢记使命，锐意进取，埋头苦干，为开启全面建设社会现代化国家新征程、实现中华民族伟大复兴的中国梦、实现人民对美好生活的向往继续奋斗！